Bert Hellinger

Natürliche Mystik

Bert Hellinger

Natürliche Mystik

Wege spiritueller Erfahrung

Kreuz

Meinem Bruder Robert, 1923–1945,
als ein Grabmal

Bibliografische Information der Deutschen Bibliothek
Die Deutsche Bibliothek verzeichnet diese Publikation in der
Deutschen Nationalbibliografie; detaillierte bibliografische Daten
sind im Internet über http://dnb.ddb.de abrufbar.

© 2008 Verlag Kreuz GmbH
Postfach 80 06 69, 70506 Stuttgart

www.kreuzverlag.de

Umschlaggestaltung: [rincón]² medien gmbh, Köln
Umschlagbild: © Philip und Karen Smith/Getty Images
Autorenfoto: © privat. Mit freundlicher Genehmigung von Office
B. Hellinger (Postfach 2120, 83462 Berchtesgaden, www. hellinger.com)
Satz: de·te·pe, Aalen
Druck: Clausen & Bosse, Leck

ISBN 978-3-7831-3035-5

Inhalt

Die Liebe

Das Wissen

Die Übung

Der Alltag

Übergänge

Der Aufstieg

Anhang

Einführung

Der Titel dieses Buches mag verwundern. Verbinden doch viele mit dem Wort Mystik Vorstellungen, die das Mystische als etwas Religiöses betrachten, auch wenn es an keine bestimmte Religion gebunden erscheint. Schon das weist darauf hin, dass die mystische Erfahrung etwas allgemein Menschliches ist. Sie ist allen Menschen gleichermaßen zugänglich und möglich.

Überall, wo wir auf mystische Erfahrungen treffen, zeigt sich in ihnen etwas Gemeinsames. Die mystische Erfahrung führt zum Einswerden mit einer uns übersteigenden Macht, ein Einswerden, das über persönliches Bemühen und persönliches Üben weit hinausgeht. In der mystischen Erfahrung erleben wir, dass uns etwas wie von außen kommend an sich zieht. Diese Erfahrung ist mit einem tiefen Glück verbunden, mit dem Gefühl, dort angekommen zu sein, wohin es uns im Innersten zieht. Danach kommen wir wieder in den Alltag zurück.

Auch Künstler und Dichter kennen diese Erfahrung, und Philosophen kennen sie, wenn ihnen eine tiefe Einsicht gelang. Hier bewegen wir uns wie selbstverständlich im Raum der natürlichen Mystik, unabhängig von religiösen Bildern.

In diesem Buch geht es vor allem um die natürliche Mystik in der Philosophie, also um die Mystik im Bereich des Denkens. Es geht um das genaue Denken, um das in jeder Hinsicht vernünftige Denken, um das Denken bis an die ihm erreichbaren Grenzen.

Dieses Denken ist rein von persönlichen Absichten. Es bleibt unvoreingenommen gegenüber bestimmten Traditionen, auch gegenüber bestimmten Denktraditionen, und es bleibt ohne Furcht vor Sanktionen, die ihm vielleicht drohen. Dieses Denken ist immer ein mutiges Denken.

Dieses Denken ist niemals gegen jemanden oder gegen etwas gerichtet. Weil es dabei um ein allgemein gültiges Denken geht, verbindet es uns eher, als dass es uns trennt. In diesem Sinne ist es ein befreiendes Denken, obwohl es der persönlichen Freiheit und dem freien Willen entzogen bleibt. Es steht unter dem Gesetz der Wahrheit, einer Wahrheit, die sich an ihren Ergebnissen überprüfen lässt und sich diesen jederzeit fügt.

Ich lade Sie ein, mir auf diesem Erkenntnisweg zu folgen. Ich nehme Sie mit in dieses reine Denken, in das Denken der letzten Ursache, in das Denken des Geistes. Ich nehme Sie mit auf einen mystischen Weg.

Bert Hellinger

Hinweis

Einige Betrachtungen in diesem Buch sind anspruchsvoll. Sie erschließen sich vielleicht erst nach einer Weile. Dann hilft es, sie zuerst als Ganzes auf sich wirken zu lassen, ohne die Details erfassen zu wollen. Denn das Wesentliche ist vielschichtig. Es lässt sich nur schwer in seine Einzelheiten zerlegen, als wäre es uns erst dann zugänglich. In ihm schwingt etwas Verborgenes mit, das sich dem Zugriff entzieht.

Obwohl alle Texte dieses Buches aufeinander bezogen sind, steht jeder auch für sich. Texte, die Ihnen zu schwer erscheinen, können Sie daher jederzeit übergehen und woanders mit dem Lesen beginnen.

Der Geist

Der Geist

Vorbemerkung

Wenn hier vom Geist gesprochen wird, ist damit jener Geist gemeint, der durch sein Denken allem, was er denkt, sein Dasein gibt. In diesem Sinne ist alles Sein gedachtes Sein. Es hat sein Dasein, weil es gedacht ist.

In den folgenden Betrachtungen nehme ich Sie mit auf den Erkenntnisweg, auf dem wir zu verstehen suchen, was geistiges Erkennen meint und wohin es uns führt.

Um Ihnen den Zugang zu erleichtern, beginne ich mit Betrachtungen über Folgen dieser Einsichten für unser Denken und Tun. Danach nehme ich Sie in vier Kapiteln mit in die philosophischen Überlegungen, die allen Erfahrungen innerhalb der natürlichen Mystik zugrunde liegen und ihre Richtung bestimmen.

Gedacht

Alles, was existiert, ist gedacht. Daher ist es genau so, wie es gedacht ist. Von wem gedacht? Von jenem Geist, der alles denkt. Es empfängt sein Sein, weil er es denkt und wie er es denkt.

So bin auch ich gedacht, wie ich bin. So ist mein Leben gedacht, sein Anfang und sein Ende. So ist auch mein Schicksal gedacht, wie es für mich und andere zum Schicksal wird.

Vor allem bin ich jetzt gedacht, wie ich bin, und das ist gedacht, was mir im Augenblick begegnet und was der Augenblick für mich bereithält. Auch was der Augenblick mir bietet, was er mir jetzt abverlangt und mir jetzt ermöglicht.

Wie verhalte ich mich, so vom Geist gedacht? Ich verhalte mich gelassen, getrost, gesammelt, sicher und wartend. Ich verhalte mich, wie ich gedacht bin und zu was ich gedacht bin. Ich verhalte mich denkend, denkend, wie der Geist jetzt von mir denkt. Ich lasse mich von seinem Denken denkend erfassen, bis das, was er denkt und was ich im Einklang mit ihm denke, geschieht, so geschieht, wie er es denkt. So wird mein Denken rein, und rein wird alles, was ich auf diese Weise denkend beginne und zu Ende bringe.

Dieses Denken, weil es von woanders her gedacht ist, macht mich weit. Im Einklang mit diesem Denken bleibe ich ohne Sorge, ohne Furcht, heiter und zugewandt. Es erlaubt mir, beim Augenblick zu sein, ohne Rückblick auf das, was war, und ohne dem Jetzt vorauszueilen, als wäre das Kommende schon da, bevor es gedacht ist, so gedacht, dass es sein kann.

So gedacht, bin ich in der Fülle, in meiner Fülle und in der Fülle des Seins.

Die Dinge

Wie verhält sich der Geist zu den Dingen? Gibt es einen Gegensatz zwischen ihm und den Dingen? Stehen sie ihm entgegen und lenken sie unsere Aufmerksamkeit von ihm ab, sodass wir zuerst von ihnen leer werden müssen, um zu ihm zu finden und zur Erkenntnis und zur Einheit mit ihm? So wenigstens lehren es viele mystische und religiöse Bewegungen.

Doch die Dinge sind da, weil der Geist sie gedacht hat. Sie sind da, weil er in ihnen wirkt, und zwar so, wie sie sind. Sie ziehen uns an, weil der Geist uns in ihnen anzieht. In ihnen kommt uns der Geist entgegen. In ihnen zeigt er sich uns. Daher ist die Zustimmung zu den Dingen Zustimmung zum Geist. Daher ist die Freude an den Dingen zugleich Freude über den Geist und Freude mit dem Geist.

Die Dinge sind ein Geschenk des Geistes. Wenn wir sie nehmen, nehmen wir mit ihnen den Geist. Wenn wir uns innig mit ihnen verbinden, verbinden wir uns über sie und mit ihnen zusammen auch mit diesem Geist.

Das Gleiche gilt von anderen Menschen. In ihnen offenbart sich für uns der Geist auf besondere Weise. Vor allem dort, wo wir uns von ihnen abhängig erfahren, wie zum Beispiel von unseren Eltern und von einem geliebten Partner.

Der Anspruch

Gibt es gegenüber dem Geist einen Anspruch, als müsste er für uns da sein, wenn wir ihn brauchen? Berührt ihn ein solcher Anspruch? Erreicht ihn ein solcher Anspruch? Oder ist der Geist unseren Ansprüchen nicht unendlich entzogen? Ist nicht alles, was wir sind und was uns erwartet, von ihm bereits gedacht?

Doch wir sind von ihm zusammen mit allem anderen gedacht. Als von ihm Gedachtes ist keines mehr oder weniger gedacht. Alles Einzelne ist mit einer Bewegung gedacht, die zu ihm gehört, als seinem Sein und seiner Bestimmung entsprechend.

In diesem Sinne haben wir manchmal Ansprüche. Aber nur solche, die von diesem Geist gedacht sind, weil sie zu unserer Bewegung gehören und zur Bewegung der anderen neben uns und mit uns. Diese Ansprüche sind im Einklang mit dem von diesem Geist Gedachten. Sie müssen im Einklang mit ihm auch durchgesetzt werden.

Solche Ansprüche sind rein. Sie werden als wohltuend empfunden. Zugleich sind sie Ansprüche, die der Geist an uns stellt. Indem wir uns ihnen unterwerfen, unterwerfen wir uns diesem Geist und kommen in eine tiefe Verbindung mit ihm, in eine handelnde Verbindung.

So seltsam es klingen mag, solche Ansprüche und der Mut, sie kraftvoll durchzusetzen, sind ein Verzicht. Durch sie verzichten wir auf das Bequeme, das mit dem Verzicht auf einen dem Geist gemäßen Anspruch oft einhergeht. Die Ansprüche des Geistes bringen uns und andere voran. Der bequeme Verzicht auf einen solchen Anspruch lähmt. Er verzögert die Bewegung, die weiterbringen würde. Er hält sie an und auf.

Stellt dieser Geist auch Ansprüche an uns im Sinne von Geboten oder Verboten? Kann er mehr von uns verlangen als das, was er denkt? Kann jemand von diesem Denken des Geistes abweichen oder sich gegen ihn entscheiden? Setzt sich das Denken des Geistes nicht in jedem Fall durch, was immer wir tun oder lassen? Ist das, was uns als eine Abweichung erscheint, nur Teil einer Lernerfahrung, die gerade durch ihre Folgen das von diesem Geist Gedachte umso eindrucksvoller durchsetzt?

Belohnt uns dieser Geist, wenn wir ihm folgen? Bestraft er uns, wenn wir versuchen, uns ihm zu entziehen? Berührt es ihn, wenn wir ihm folgen oder wenn wir uns ihm zu entziehen versuchen? Hilft uns das eine und schadet uns das andere? Macht es für ihn und uns einen Unterschied, da doch am Ende alles genauso wird, wie er es denkt?

Was immer wir tun und wie immer wir uns verhalten, der Geist bewirkt es, wie es ist, weil er es denkt, wie es ist. Wir folgen ihm mit allem, was dieses Denken von uns verlangt und was es uns bringt, und beginnen, innerlich wachsend, immer bewusster zu denken, wie er denkt, und zu sein, wie er uns denkt, und uns zu bewegen, wie er uns bewegt.

Bilder und Worte

Wir denken in Bildern und sprechen in Bildern. Denn auch durch das Wort entsteht ein inneres Bild. Wenn wir *Baum* sagen, haben wir ein Bild von einem Baum. Wenn wir *Eltern* sagen, haben wir ein Bild von Eltern. Das Wort ist die Übersetzung des Bildes in einen Laut. Daher reden wir, wenn wir reden, laufend in Bildern.

Doch ist ein Bild nicht die ganze Wirklichkeit, so wie auch das Wort eine Wirklichkeit nur annähernd beschreibt.

Was ist die Wirkung eines Bildes und eines Wortes? Sie bewegen etwas in uns und führen zu Handeln, das für unser Leben und unser Überleben wichtig ist.

Wie ist es aber mit Worten, von denen wir uns kein Bild machen können oder nur ein unvollkommenes Bild? Wie zum Beispiel mit dem Wort *Geist* und in diesem Zusammenhang auch mit dem Wort *Denken*? Das Wort *Denken* beschreibt einen Vorgang, den wir nachvollziehen können, so wie auch viele andere Worte einen Vorgang beschreiben. Zum Beispiel die Worte *gehen, sitzen, lachen*. Manche Worte fassen viele Vorgänge zusammen und bilden dafür ein gemeinsames Wort. Zum Beispiel die Worte *Freude* oder *Liebe*. Wenn wir diese Worte hören, machen wir uns sofort Bilder von den Vorgängen, die in ihnen zusammengefasst sind.

Wie ist es dann mit dem Wort *Seele* und vor allem mit dem Wort *Geist*? In ihnen wird für uns etwas angedeutet, was uns zugleich verborgen bleibt. Die Fülle dieser Worte entzieht sich unseren Begriffen. Was immer wir über sie sagen, wirklich erfassen können wir sie nicht.

Wenn wir darum wissen, gebrauchen wir solche Worte vorsichtig. Das heißt, wir gebrauchen sie nicht als Begriffe, wie zum Beispiel das Wort *Haus*. Wir gebrauchen sie, wohl wissend, dass uns das Wesentliche an ihnen weit gehend verborgen bleibt.

Hier geht es mir vor allem um das Wort *Geist*. Wenn wir es behandeln, als sei es ein sicherer Begriff, sind wir in Gefahr, dass wir dieses Wort gebrauchen wie andere Begriffe, als könnten wir es einordnen und in unserem Handeln darüber verfügen.

Der Vorgang ist jedoch umgekehrt. Wenn wir uns diesem Geist aussetzen, ist es der Geist, der uns erfasst. Er nimmt uns mit in eine Bewegung von Einsicht und Handeln und Liebe, die wir von uns aus nicht erreichen können. In diesem Vorgang eröffnen sich für uns Bereiche, die uns bisher verschlossen waren.

Erfassen wir dann mehr von dem, was wir im Wort *Geist* erfahren und erahnen? Dieses Wort und das zu ihm gehörende Bild bleiben für unser Denken unendlich.

Das geistige Erkennen

Unsere Erkenntnis setzt in der Regel voraus, dass vor ihr schon etwas da war, damit wir es erkennen können.

Wir machen aber auch die entgegengesetzte Erfahrung. Wir stellen uns etwas vor und denken es. Danach verwirklichen wir, was wir gedacht haben. Wir bewegen etwas, indem wir es denken. In diesem Sinne erfahren wir unser Erkennen und unser Denken als schöpferisch.

Die Frage ist: Woher haben wir und woher hat unser Geist die Fähigkeit, so zu denken, dass wir durch unser Denken etwas Neues bewirken? Kommt diese Fähigkeit aus uns? Kommt unser Geist aus uns? Oder sind wir von einem anderen Geist so gedacht, dass wir sind, was er gedacht hat, dass wir das Ergebnis seines Denkens sind?

Aristoteles hat sich den Geist auf diese Weise vorgestellt. Denn wie kann etwas sein, ohne dass ein Geist es denkt? Wie kann etwas da sein, bevor dieser Geist es denkt?

Denken und Sein

Was erkennt der Geist? Weil er alles denkt, erkennt er alles. Nur weil er es denkt, ist es, wie es ist. Nichts kann anders sein, als dieser Geist es denkt. Nichts kann zum Denken dieses Geistes hinzukommen oder ihm etwas hinzufügen. Alles ist nur da, weil er es denkt. Es ist so da, wie er es denkt.

Was ist mit uns, wenn wir denken und wenn wir erkennen? Können wir etwas so denken und so erkennen, dass es durch unser Denken sein Dasein gewinnt? Dass es durch unser Denken entsteht und dass es nur so weit und so lange besteht, als wir es denken? Wie verhalten sich also unser Geist und unser Denken zu diesem unendlichen Geist? Er ist unendlich, weil sein Denken ohne Anfang ist und ohne Ende. Daher ist alles, was er denkt, ebenfalls ohne Anfang und Ende.

Möglich und wirklich

Dieser Geist ist schöpferisch durch sein Denken. Er ist schöpferisch, weil er immerfort Neues denkt, noch nie Dagewesenes.

Wieso schafft dieser Geist durch sein Denken immerfort Neues? Treibt ihn etwas dazu an? Wie könnte ihn etwas dazu antreiben, ohne dass es aus ihm kommt, ohne dass es ein Teil seines Denkens ist? Wie kann dann das, was noch nicht da ist, Teil seines Denkens sein? Gibt es etwas in ihm, das darauf wartet, dass er es denkt? Denkt er es, weil es darauf wartet? Oder zeigt sich erst, indem er es denkt, dass es eine seiner Möglichkeiten war? Dass es sich erst in der Verwirklichung durch sein Denken als eine Möglichkeit erweist, gleichsam nachträglich?

Was ist dann unser Verhältnis zu diesem Geist? Wir und unser Geist sind eine von diesem Geist verwirklichte Möglichkeit.

Die Bewegung

Was immer sich bewegt, bewegt sich, weil eine andere Kraft es von außen bewegt. Von daher schließt Aristoteles auf einen ersten Beweger, der alles, was sich bewegt, in Bewegung bringt.

Wie wird alles von ihm bewegt? Wie kann es von ihm

bewegt werden, da doch vor ihm nichts da sein kann, das sich bewegt? Es kommt in Bewegung, weil er es denkt. Weil er es denkt, kommt es zu seinem Sein.

Was ist das für ein Sein? Es ist ein Sein in Bewegung. Dieses Sein ist bewegt gedacht und wird durch sein Sein in Bewegung gebracht. Seine Bewegung ergibt sich aus dem, wie es gedacht ist, wie es auch jetzt gedacht ist, und nur so weit, wie es gedacht ist.

Die Freiheit

Was ist dann mit unserem freien Willen? Auch er ist gedacht. Er ist frei, weil er so gedacht ist. Wille heißt ja zugleich Bewegung. Der Wille will etwas bewegen. Er denkt etwas, um es zu bewegen. Insofern gleicht er jener Bewegung, die etwas entstehen lässt, indem sie es denkt. Denn der Geist, der alles in Bewegung bringt, bewegt es, indem er es denkt. Er erschafft es, indem er es denkt, ähnlich wie wir mit unserem Willen.

Ist dieser Geist frei zu denken? Kann er entscheiden, was er denkt, und kann er dem einen den Vorrang vor etwas anderem geben? Ist das denkbar?

Was ist mit uns, wenn wir etwas wollen, wenn wir etwas in Bewegung bringen wollen? Ist es eine eigene Bewegung? Oder ist diese Bewegung zugleich von diesem Geist gedacht und wird von ihm in Bewegung gebracht?

Die Vorstellung, unsere Bewegung sei eine eigene Bewegung, ist denkerisch nicht zu halten. Für unser Handeln spielt es aber keine Rolle, weil wir in jedem Fall tun, was dieser Geist denkt und wie er es denkt. Am Ergebnis unseres Handelns ändert sich also nichts. Es ist so oder so von diesem Geist gedacht. Es ist immer in der von ihm gedachten Bewegung.

Es macht jedoch im Gefühl und in der Erfahrung einen

Unterschied, ob wir zugeben, dass wir von dieser Bewegung bewegt werden und wissend mit ihr gehen, wohin sie uns führt, oder ob wir denken, wir seien in unseren Entscheidungen frei. An dem, was wir tun, ändert sich nichts, wohl aber in unserem Gefühl.

Denken mit diesem denkenden Geist macht uns gelassen. Auf einmal erfahren wir, wie wir geführt werden. Wir erfahren, wie uns das Denken dieses Geistes auf eine andere Weise denken lässt, als würde eine andere Kraft in uns denken und durch ihr Denken bewirken, was sie denkt.

In diesem Denken mit dem Geist werden wir rein wie dieser Geist. In diesem Denken bewegen wir uns wie dieses Denken, wie von ihm gedacht. Und wir bewegen anderes, wie es von diesem Denken gedacht und bewegt wird. In diesem Denken werden wir mit diesem Denken und seiner Bewegung eins.

Das aber ist eine mystische Erfahrung. Können wir diese Erfahrung suchen und wollen? Wenn wir sie erfahren, wird sie von diesem Geist gedacht. Sie wird für uns wirklich, wenn er sie denkt.

Das Viele zugleich

Alles im Vielen ist gleichermaßen vom Geist gedacht und gewollt, auch dort, wo es sich scheinbar entgegensteht und in Schach hält. Im Vielen ist alles aufeinander bezogen. Es dient sich gegenseitig. Es braucht sich auch und ist für das andere im Vielen, zu dem es gehört, eine Herausforderung und ein Gewinn.

Das Viele zugleich erfahren wir als Fülle. In ihm sind wir sowohl da als auch aufeinander bezogen.

Wie erfahren wir das Viele am intensivsten? Wie sind wir ihm am vollkommensten nah, so unterschiedlich es sich auch zeigt? Wenn wir es denken, wie der Geist es denkt. Wenn wir uns mit dem Vielen bewegen, wie der Geist es bewegt, in welche Richtung auch immer.

Wie können wir das Viele denken? Müssen wir uns auf jedes im Vielen einzeln ausrichten, um mit ihm in Verbindung zu sein?

Das Wesentliche

Das Viele verdichtet sich in etwas Einfachem, in dem es für uns gegenwärtig wird, als sei es eines. Das heißt, es verdichtet sich in etwas Wesentlichem. Im Wesentlichen wird das Viele für jedes Einzelne im Vielen zur gemeinsam erfahrenen Fülle.

Wie erkennen wir dieses Wesentliche? Wir erkennen es, wenn wir eins werden mit dem Denken des Geistes und denken wie er. Indem der Geist alles gleichzeitig denkt, ist er mit allem gleichzeitig verbunden.

In diesem Geist ist jedes Einzelne zugleich da und zugleich mit allem verbunden. In ihm ist es im gleichen Gedanken mit allem verbunden, in einem wesentlichen Gedanken. In diesem wesentlichen Gedanken verdichtet sich das Wesentliche von allem. Es verdichtet sich in ihm, indem in ihm alles zugleich da ist und zugleich wirkt. Im Wesentlichen wird das Viele in jedem Einzelnen des Vielen für uns erkennbar und erfahrbar und erreicht für uns seine Fülle.

Weil sich im Wesentlichen die Fülle des Vielen sowohl zeigt als auch dem Zugriff der Neugier entzieht, erfassen wir von ihm immer nur einen Teil, so als sei es einzeln. Daher bleiben für uns das Wesentliche und seine Fülle selbst dort, wo wir sie ins Wort bringen und mit diesem Wort etwas Wesentliches bewirken, im Letzten unergründlich und für uns unendlich.

Ohne Unterschied

Die Vorstellung, dass der Geist in dem, was er denkt, einen Unterschied zwischen dem einen und dem anderen macht in dem Sinne, dass er das eine dem anderen vorzieht, widerspricht allem, was wir vom Wirken dieses Geistes erfassen können. Denn dieser Geist erkennt alles, wie es ist, weil er es denkt, wie es ist. Es ist, weil er es denkt, und es bewegt sich, wie er es denkt. Es empfängt sein Sein und seine Bewegung vom Denken dieses Geistes. Durch dieses Denken stimmt er allem zu, wie er es denkt.

Vorher und Nachher

Alles, was sich bewegt, bewegt sich auf etwas hin. Daher gibt es in jeder Bewegung ein Vorher und ein Nachher, etwas, das vorher da war, und etwas, was später kommt. Jede Bewegung ist daher eine Bewegung in der Zeit. Die Frage ist: Wird die ganze Bewegung von Anfang an gedacht, also das Nachher zugleich mit dem Vorher, oder wird sie in der Zeit Schritt für Schritt gedacht, sodass ihr Ende am Anfang noch nicht gedacht ist? Sonst wäre ihr Ende schon von Anfang an mit da. Gibt es also für diesen alles erkennenden Geist ein fortschreitendes Denken, ein sich entwickelndes Denken, ein ewig neues Denken? Nur so ist es für uns denkbar. Sonst wäre es kein schöpferisches Denken.

Ich denke diese Gedanken noch weiter. Nicht, als würde ich mit diesen Denkversuchen an dieses letzte Denken heranreichen. Doch beeinflusst die Art und Weise, wie wir darüber denken, auch die Art und Weise, wie wir leben, vor allem wie wir miteinander leben.

Eine Überlegung hier wäre: Hat dieser erkennende Geist alles von Anfang an gedacht, einschließlich der Entwicklung, die es nehmen wird, sodass alles von Anfang an schon vorausgedacht und für diesen Geist vollendet war? Das ist schon deshalb schwer vorstellbar, weil in jeder Bewegung der Geist alles bewirkt und er es denkend fortschreitend bewirkt. Kann er außerhalb dieser Bewegung stehen, oder ist er mit ihr in Bewegung, weil er sie in dem Augenblick so denkt und sie so in dem Augenblick will? Können wir diese Bewegung von seiner Bewegung unterscheiden, als könnte sich etwas unabhängig von ihr bewegen? Bewegt sich daher nicht auch der Geist immer wieder anders und neu und damit in der Zeit? Allerdings in einer unendlichen Zeit, weil sein Denken an kein Ende kommt. Denn wie sollte es je an ein Ziel kommen und mit ihm an ein Ende?

Anfang und Ende

Nur jene Bewegungen, die wir kennen, haben einen Anfang und ein Ende, doch beides vorläufig. Vor jedem Anfang, den wir kennen, war schon etwas, und nach jedem Ende, das wir kennen, kommt noch etwas. Diese Anfänge und ihr Ende heben sich in einer größeren Bewegung auf. Auch lässt sich das Denken dieses Geistes nicht von dem, was er denkt, unterscheiden, als käme zuerst das Denken und dann das Gedachte. Denn dieses Denken des Geistes, weil es ein reines Denken ist, ist, was es denkt, und es ist, was es durch sein Denken bewegt.

Der reine Geist

Manche sagen, dass es hier doch einen Unterschied geben muss. Sie setzen diesen Geist mit Gott gleich und sagen, dass das von ihm Geschaffene von ihm unterschieden werden muss.

Doch wir können das, was viele *Gott* nennen, nicht von diesem Geist unterscheiden, denn was könnte für unser Denken reiner und umfassender sein als dieser Geist und sein Denken? Kann außerhalb von diesem Geist und jenseits von ihm noch etwas anderes von uns gedacht werden?

Zum Denken gehört also, dass wir nicht weiter zu denken versuchen, als es das reine Denken erlaubt. Die Frage ist, inwieweit wir überhaupt mit unserem Denken das Denken dieses Geistes mitdenken können.

Der Verzicht

Eine andere Frage ist, inwieweit dieser Geist uns, indem er uns bewegt und wir uns seiner Bewegung überlassen, in Bereiche führt, die ganz mit seinem Denken im Einklang sind, deren Tragweite wir aber nur unvollkommen erfassen. Aber gerade dort, wo wir auf das letzte Wissen und die letzte Erkenntnis verzichten, kommen wir am tiefsten mit der Bewegung des Geistes in Einklang. Von diesem Geist bewegt, gelingt uns immer die für uns wichtigste Erkenntnis: das, was als Nächstes für uns zu tun möglich und notwendig ist. Dieses Nächste ist für jeden etwas Eigenes und anderes. Es ist unterschiedlich und dennoch vor diesem Geist gleich.

Doch ein Unterschied?

Von unserem Erleben her gibt es einen Unterschied mit Bezug auf die Klarheit, mit der wir uns im Einklang mit den Bewegungen des Geistes wissen. Auch erfahren wir in unserem Verhalten und in unserem Gefühl, wie genau und wie weit die Bewegungen des Geistes uns erfassen und führen. So sehr, dass wir nach einer Weile in uns und in unserer Umgebung wahrnehmen, wie unser Denken etwas bewirkt, nur weil wir es denken. Obwohl also alles, was sich bewegt, von diesem Geist bewegt wird, vor allem auch jeder Mensch, erfahren sich nicht alle auf die gleiche Weise mit den Bewegungen des Geistes im Einklang. Insofern gibt es zwischen ihnen einen Unterschied in ihrer persönlichen Wahrnehmung und auch in Bezug auf das von ihnen erfahrene Glück.

Glück ist hier die von den Philosophen erfahrene und von ihnen so genannte Glückseligkeit, die mit dem Einklang mit dem Denken des Geistes einhergeht. Diese Glückseligkeit war für sie das höchste Glück, die eigentliche Vollendung, die ihnen hier erreichbar war.

Wir können uns in unserem Bemühen, mit den Bewegungen des Geistes in einen immer wacheren bewussten Einklang zu kommen, auf einen besonderen Weg begeben, auf einen geistigen Weg. Ist dann das Ergebnis unserem Bemühen zuzuschreiben? Unterscheiden wir uns wirklich von denen, denen dieses Bemühen verwehrt ist oder denen es fremd erscheint?

Auch hier ist das eine und das andere der gleichen Bewegung des Geistes zuzuschreiben. Sie führt die einen auf diese Weise und andere auf eine andere Weise, unabhängig von deren Verdienst oder Schuld. Was wir vielleicht als das Ergebnis unseres Tuns ansehen, ist nur die besondere Weise, in der dieser Geist uns denkt und bewegt. Daher hebt sich auch hier der Unterschied zwischen den einen und den anderen auf. Er ist nur von uns so gesehen, von außen und vorläufig. Vom Geist her gesehen, hebt er sich auf.

Die Reinigung

Vorbemerkung

In der abendländischen Mystik spielt die Reinigung als Voraussetzung für die mystische Erfahrung eine wichtige Rolle. Dabei geht es als Erstes um die Reinigung der Sinne. Das heißt, dass wir unsere Sinne von allem, was sie nach außen ablenken könnte, zurückziehen und uns so die Sammlung leichter gelingt.

Als Nächstes geht es um die Reinigung des Geistes. Das heißt, dass wir uns auf ähnliche Weise auch von unseren Gedanken und inneren Bildern lösen.

Als Drittes geht es um die Reinigung des Willens. Sie verlangt die Zurücknahme unserer Wünsche und Absichten, soweit auch diese unserer Sammlung im Wege stehen.

In diesem Abschnitt beschreibe ich den Reinigungsweg als ein Gehen mit den Bewegungen des Geistes. Wenn wir mit den Bewegungen des Geistes in Einklang kommen, gelingt uns die Reinigung der Sinne und die Reinigung des Geistes und des Willens zugleich. Im Mitschwingen mit den Bewegungen des Geistes finden wir zu jener gesammelten Hingabe, die uns innerlich frei macht und dennoch mit allen und allem anderen eins.

Der Sinn

Sinn heißt: Es ist mir gemäß, es dient meinem Wachstum und meiner Entwicklung. Wenn wir von Sinn sprechen, meinen wir mit ihm ein Ziel, auf das wir ausgerichtet sind.

Was macht für uns Sinn? Alles, was der Geist im Hinblick auf uns denkt, alles, was wirklich wird, weil er es denkt, genau so, wie er es denkt. So, wie er es denkt, kommt es in eine Bewegung, in jene Bewegung, die für uns Sinn macht.

Der Sinn ist also persönlich. Jeder Mensch hat seinen eigenen Sinn, so wie dieser Sinn für ihn gedacht ist. Indem wir unserem Sinn folgen, wie er für uns bestimmt ist, bleiben wir im Einklang mit dem Geist und mit der Bewegung des Geistes.

Wie gehen wir dann sinnvoll mit anderen Menschen um? Indem wir bei unserem Sinn bleiben und jedem mit seinem Sinn zustimmen, auch wenn sein Sinn für ihn etwas anderes will als unser Sinn für uns.

Wir stiften Sinn, wenn wir den je eigenen Sinn bei uns und bei anderen achten.

Im Einklang bleiben mit dem Sinn

Oft stellen wir uns die Frage: Was macht für mich Sinn und woher kommt dieser Sinn? Kommt er aus uns? Kann er aus uns kommen? Dieser Sinn kommt von außen. Er kommt vom Geist.

Geist ist das, was erkennt. Wir haben einen Geist, mit dem wir erkennen. Doch hinter unserem Geist wirkt noch ein anderer Geist. Dieser Geist erkennt alles.

Aristoteles sucht in seinem Buch über die Seele zu ergründen: Was ist dieser Geist? Was macht dieser Geist? Er sagt: Dieser Geist erkennt. Was erkennt er? Er erkennt alles. Wieso erkennt er alles? Weil alles nur da ist, weil er es denkt. Was immer dieser Geist denkt, wird wirklich. Es entsteht, weil dieser Geist es denkt. Wie ist es dann da? Genau so, wie er es denkt.

Aber es ist nicht nur da. Alles Seiende ist in Bewegung. Indem es gedacht wird, wird es zugleich in eine Bewegung gebracht, in eine ihm gemäße Bewegung, so wie der Geist sie denkt. Diese Bewegung macht für dieses Seiende Sinn.

Wenn wir diese Überlegungen auf uns anwenden, fragen wir uns: Was macht für mich Sinn?

Für mich macht Sinn, wenn ich genau in der Bewegung bleibe, die der Geist für mich gedacht hat. Sinn macht für mich das, was mich in diese Bewegung bringt und mich in dieser Bewegung hält, so wie sie der Geist für mich denkt.

Das Neue

Wohin führt uns eine Erkenntnis? Sie führt immer zu einer Bewegung. Die Erkenntnis beginnt eine Bewegung und sie führt eine Bewegung weiter. Sie korrigiert sie auch und gibt ihr eine andere, eine neue Richtung.

Jede wesentliche Erkenntnis bleibt nahe am Sein und seiner Bewegung. Deswegen ist sie immer eine neue Erkenntnis. Sie bringt etwas Neues zustande und bringt es in Bewegung. Unser Geist überprüft an der Bewegung, inwieweit sie etwas weiterbringt, inwieweit sie es wesentlich weiterbringt. Er überprüft, inwieweit ihr Neues Bestand hat, so lange Bestand hat, bis die nächste Erkenntnis die nächste Bewegung in Gang bringt.

Das Neue beginnt also mit einer Einsicht. Das heißt, es

beginnt mit einer Erkenntnis, die Neues ermöglicht und Neues verlangt, und sie zeigt sich in einer neuen Bewegung. Alles Neue ist in Bewegung. Es nimmt uns mit in eine Bewegung.

In welche Bewegung? Sie nimmt uns mit in eine Bewegung des Geistes. Sie nimmt uns mit in eine schöpferische Bewegung. Sie verbindet uns auf eine schöpferische Weise mit dem Geist.

Je reiner unsere Erkenntnis, desto reiner ist diese Bewegung und desto weitreichender ihre Wirkung. Je reiner diese Erkenntnis und je reiner wir ihrer Bewegung folgen, desto reiner nimmt uns dieser Geist mit in seine Bewegung, bis sich seine Bewegung und unsere Bewegung kaum noch voneinander abheben, als seien sie eine.

Die Zeit

Die Bewegungen des Geistes sind langsam. Sie haben Zeit. Manchmal wollen wir dieser Zeit vorauseilen und verlieren den Einklang mit der eigentlichen Zeit, der vollen Zeit. Diese Zeit ist voll, weil sie alles, was in ihr ans Ziel kommt, an dieses Ziel mitnimmt. Obwohl uns diese Zeit oft lang erscheint und langsam, erreicht sie alles zu der Zeit, in der die Bewegungen des Geistes das im Augenblick Gemäße und Mögliche in seiner Fülle bewirken.

Wenn wir daher mit den Bewegungen des Geistes gehen, warten wir, bis das, was sie bewegen, geschieht. Dabei zeigt sich, dass etwas oft im letzten Augenblick ans Ziel kommt, erst zur vollen, zur erfüllten Zeit.

Wir müssen dieser Bewegung vertrauen. Sie stellt unser Vertrauen laufend auf die Probe, bis wir lernen, gelassen zu warten, auch wenn die Zeit scheinbar drängt. Sie drängt, wenn wir ihr vorauseilen wollen. Doch weil der Geist immer vollbringt, was er denkt, kommt er immer ans Ziel. Allerdings zu seiner Zeit, zur rechten Zeit, zur vollen Zeit.

Wie gehen wir mit der rechten Zeit um? Wir bleiben ihr hingegeben, wissend, sie geht uns voraus, wenn wir mit ihr warten. Warten und Gehen sind hier das Gleiche. Beides bleibt in der Bewegung des Geistes.

Unten

Gehen mit dem Geist können wir nur, wenn wir unten bleiben. Nur unten bleiben wir im bewussten Einklang mit den Bewegungen des Geistes.

Auch die, die sich oben wähnen und oben bleiben wollen, werden von diesem Geist bewegt. Wozu und auf welchen anderen Wegen, wissen wir nicht. Es braucht uns nicht zu kümmern.

Wenn wir immer tiefer in den bewussten Einklang mit den Bewegungen des Geistes kommen, vor allem, wenn diese Bewegungen uns unwiderstehlich erfassen und in ihre Bewegungen hineinziehen, erfahren wir uns in jeder Hinsicht unten. Unten in dem Sinn, dass wir uns bewusst sind, dass im Grunde sowohl die Richtung als auch die notwendige Einsicht und die dazu notwendige Ausdauer und Kraft von außen kommen. Wir müssen uns ihnen fügen, ohne die Freiheit, uns anders zu bewegen. Wir bleiben vor diesem Geist und in seiner Bewegung immer hilflos und klein – eben unten.

Manchmal nimmt uns eine solche Bewegung auch mit in die Richtung nach oben, in eine führende Verantwortung.

Sie nimmt uns mit zu einer viele Menschen weiter führenden Einsicht und zu einem dieser Einsicht entsprechenden Handeln, sodass es scheinen mag, wir seien oben.

Manchmal scheint es auch uns so, dass wir oben sind, aber nur für kurze Zeit. Denn bald werden wir eines Besseren belehrt und uns unserer Grenzen wieder bewusst.

Wie lernen wir am ehesten, unten zu bleiben und – wenn wir uns über andere erhoben haben – unten sicher wieder anzukommen? Wenn wir im Augenblick bleiben, nur im Augenblick.

Dieser Augenblick ist ein gerichteter Augenblick, ein auf Handeln und auf die Vorbereitung von Handeln ausgerichteter Augenblick. Denn in diesem Augenblick sind wir bei der Sache. Wir verlieren uns an die Sache und das, was sie im Augenblick von uns verlangt. Damit sind wir in einer Bewegung des Geistes, losgelöst von unseren Vorstellungen von oben oder unten. Wir bleiben an dem Platz, den uns der Geist in diesem Handeln zuweist. Wo? Unten, ganz unten.

Der Lebenslauf

Wem gehört ein Lebenslauf? Kann jemand sagen: Das ist mein Lebenslauf? Kann jemand sagen: Das ist dein Lebenslauf? Wessen Leben läuft da ab, und von wem ist es bewegt?

Wie immer einer lebt, er kann und darf nur leben, wie er lebt. Denn so, wie er lebt, ist er gewollt. So, wie er lebt, ist er gedacht – mit Liebe gedacht. So, wie er lebt, ist er geistig gedacht. So, wie er lebt, lebt er geistig.

Das heißt: Der Geist, der alles denkt, wie es ist, denkt ihn und seinen Lebenslauf so, wie er ist. Daher kann sein

Lebenslauf auch nicht anders sein, weil er nur so von diesem Geist gedacht ist.

Geistig ist also alles, wie es ist, genau, wie es ist. Was immer unser Lebenslauf auch sein mag, er ist gedacht, wie er ist. Er ist geistig gedacht. Kann der eine Lebenslauf geistiger als ein anderer sein? Sie sind beide vom selben Geist gedacht.

Dürfen wir die verschiedenen Lebensläufe miteinander vergleichen? Dürfen wir den einen besser als einen anderen nennen? Dürfen wir ihn sogar geistiger als einen anderen nennen? Kann ein Lebenslauf geistiger als ein anderer sein, als wäre der eine inniger mit dem Geist verbunden und mehr als der andere von ihm gedacht und gewollt?

Hier heben sich die Gegensätze auf. Kein Lebenslauf ist besser oder erhabener. Keiner ist minder oder weniger oder böse oder schlecht.

Vor diesem Geist gibt es keine Unterschiede. Er denkt alles, wie es ist. Er bewegt es, wie es sich bewegt. Er ist der Einzige, der alles denkt und alles ins Dasein bringt, wie es ist. Was immer sich bewegt, es folgt seiner Bewegung, ohne dass es sich anders bewegen kann, als er es bewegt.

Wozu dann die hehren Ideale von dem, was gut ist oder böse, was richtig ist oder falsch, was heilsam ist oder schädlich, was »Gott« wohlgefällig ist oder nicht? Alle erweisen sich am Ende als allen anderen gleich.

Was also bleibt uns zu tun? Wir sind, wie wir sind. Wir bleiben, wie wir sind. Wir lassen uns bewegen, wie wir bewegt werden, was immer die Folgen für uns und andere sein werden. Wir lassen uns bewegen, ohne uns schuldig zu fühlen und ohne uns heilig oder geistig zu fühlen. Wir sind vor diesem Geist nur da. Wie? Wir sind geistig da.

Die Andacht

Die Andacht schaut sowohl auf das Nahe als auch in die Ferne. Am ehesten erfahren wir sie vor dem Nahen. Zum Beispiel vor großer Natur und wenn wir in den Sternenhimmel und seine für uns unendliche Weite schauen. Dennoch gehört auch er für uns zum Nahen.

Kinder schauen andächtig auf ihre Eltern. Sie wissen, wie innig sie mit ihnen verbunden sind. Ohne sie fühlen sie sich verloren. Doch ihre Andacht ist mehr als ein Gefühl der Abhängigkeit. Sie ist vor allem tiefe Hingabe und Liebe. Was von außen her gesehen manchmal dieser Liebe entgegengesetzt erscheint, erweist sich bei näherem Hinschauen als die andere Seite der Liebe. Sie zeigt sich als der Schmerz oder die Enttäuschung, nicht so zu den Eltern hinzufinden, wie ihre Liebe es will and braucht. Für Kinder sind ihre Eltern das entscheidende Nahe.

Zwar werden auch Kinder schon früh von ihren Eltern mitgenommen und eingeführt in religiöse Vorstellungen, Bilder und Bräuche. Sie lernen zu beten und vor etwas Größerem andächtig zu sein. Dennoch bleiben ihre religiösen Bilder eng mit dem Bild der Eltern verbunden.

Wir bleiben auch später oft noch im Bann dieser Bilder. Nur treten andere Menschen zusätzlich an die Stelle der Eltern. Zum Beispiel Partner, Freunde, Menschen, von denen wir uns abhängig wissen, und Menschen, die uns auf eine besondere Weise geholfen haben – fast so wie die eigenen Eltern. Wir entwickeln auch ihnen gegenüber Gefühle, wie wir sie als Kinder hatten, sowohl mit Bezug auf unsere Eltern als auch mit Bezug auf Gott. Es sind Gefühle der Abhängigkeit, der Andacht und der Furcht. Diese Gefühle sind der Versuch, mit diesen Menschen in eine Beziehung zu treten, in der wir abhängig bleiben. Das heißt, wir treten mit ihnen in eine Beziehung der Nähe, die ihnen und uns nicht gerecht wird. Durch das Gefühl der Nähe zu ihnen bleiben wir getrennt von etwas jenseits von ihnen. Doch ihm muss unsere eigentliche Andacht gelten, die eigentliche Furcht und die eigentliche Hingabe und Liebe.

Wie finden wir zu dieser Hingabe und Liebe? Wie finden wir zu ihr zurück, wenn wir sie aus dem Auge verlieren und von ihr abgewichen sind? Durch den Abstand von den Menschen, die für uns an die Stelle dieses Letzten getreten sind, und – wenn diese Nähe zu eng wurde – durch den Abschied von ihnen.

Dieser Abschied hat einen Preis, den gleichen Preis, den uns die Abweichung von diesem Letzten gekostet hat. Dieser Abschied gelingt, wenn er von uns das Gleiche verlangt, was uns die Abwendung von diesem Letzten abverlangt hat. Der Lohn für diesen Preis ist die Reinigung, die uns mit dem Fernen wieder verbindet und uns zur Andacht vor ihm zurückfinden lässt.

Was ist dieses Letzte, das wir so leicht vergessen und ausschließen, wenn unsere Andacht und unsere Erwartung und Furcht sich an etwas Nahes gerichtet haben, vor allem an andere Menschen? Es ist jene Kraft, die alles bewegt, wie es ist. Von ihr hängt jede andere Bewegung ab. In diesem Sinne hängt von ihr auch jede Bewegung ab, die uns hilft, und jede Bewegung, die uns ermöglicht, was wir brauchen.

Zugleich ist sie auch jene Bewegung, die uns herausfordert und zur Besinnung bringt, und jene Bewegung, die uns bedroht und gefährdet. Sie ist auch jene Bewegung, die uns Leid und Verlust bringt und vor der wir uns fürchten.

Diese zuletzt genannte Bewegung lässt uns leicht vergessen, dass sie eine göttliche Bewegung ist – göttlich hier in einem umfassenden und letzten Sinn, der uns weit gehend verborgen bleibt.

Hier vor allem besteht die Gefahr und die Versuchung,

dass wir uns von ihr weg wenden, dem Nahen und dem Vertrauten zu, vor allem zu den uns nahen und vertrauten Menschen.

Mit welchen Folgen? Wir erwarten von ihnen eine Hilfe, die sich der Bewegung dieses Letzten in den Weg stellt, die uns vor ihr schützt und sie für uns unschädlich macht. Diese Hilfe macht uns klein und unfrei. Durch sie verlieren wir den wesentlichen Bezug, mit allen Folgen für uns und andere.

Wie bleiben wir in Verbindung mit der uns und alles andere bewegenden Kraft, ohne den Bezug zum Nahen zu verlieren? Wie bewahren wir den Bezug zum Nahen, ohne den Bezug zu der alles bewegenden Kraft zu verlieren? Indem wir im Nahen immer dieses Letzte am Werk sehen.

Was immer uns von anderen Menschen Gutes und uns Förderndes geschieht und was immer uns durch sie an Schaden oder Leid trifft, solange wir allein auf sie schauen, verlieren wir den Bezug zu dieser Kraft. Vor allem verlieren wir den Zugang zu den Einsichten und Hilfen, die sie für uns bereithält, wenn wir über das Nahe hinaus auf sie schauen und vor ihr in Andacht verharren.

Die Andacht auf das Umfassende und Letzte hin schließt die Andacht auf das Nahe hin mit ein. Sie erst macht auch die Andacht vor dem Nahen umfassend und voll. Denn auch das Nahe ist von dieser Kraft bewegt und Teil von ihr. Wer es ausschließen will, schließt auch das Ferne und Letzte aus seinem Bewusstsein aus – und aus seiner Liebe. Die Andacht auf das Letzte hin ist auf das Ganze gerichtet und daher zugleich auf jedes Einzelne, so nah und so fern es uns auch sein mag.

Auf was kommt es bei der Andacht wirklich an? In allem Nahen auch das Ferne und Letzte am Werk zu sehen und alles andere in seinem Dienst.

Das Mitgehen mit dieser Bewegung macht uns auf der

einen Seite einsam. Wir bleiben mit dieser Kraft und ihrem Wollen allein. Auf der anderen Seite macht es uns unabhängig, selbstständig und frei.

Auf wen können wir uns am Ende wirklich verlassen? Auf diese Kraft, auf sie allein. Wie? Wir verlassen uns auf sie furchtlos, rein von Absichten und Ängsten, ihr völlig hingegeben und von ihr bewegt und getragen.

Trennt uns das von den anderen Menschen? Trennt es uns von unseren Freunden, von unserem Partner, von unseren Eltern? Es trennt uns von ihnen auf gewisse Weise. Zugleich macht es auch sie für dieses Letzte und zu dem Dienst, zu dem es sie beruft, fähig und frei.

Sind wir dann noch von ihnen getrennt? Im Gegenteil. Alle, wie sie sind, weil sie sich dieser Kraft überlassen und vor ihr in Andacht verharren, bleiben mit allen anderen umfassender verbunden, tiefer und kraftvoller. Alle stehen im gleichen Dienst und bleiben einander auf eine besondere und innige Weise nah.

Die Zucht

Sobald wir uns dem Geist bewusst überlassen, nimmt er uns in die Zucht, in eine Zucht des Geistes.

Die Zucht des Geistes ist eine harte Zucht. Sie beginnt mit der Zucht der Gedanken. Unsere Gedanken sind keineswegs frei, wie manche uns glauben machen wollen. Denn unsere Gedanken haben Folgen.

Wann haben unsere Gedanken die weittragendsten Folgen? Wenn sie abweichen von der Liebe. Wenn sie jemandem absprechen, dass auch er in allem, was er tut und wie er ist, von diesem Geist gewollt und bewegt wird. Er wird so

bewegt, wie er sich bewegt, so wie er sich auch uns gegenüber bewegt.

Auf wen schauen wir dann? Auf wen müssen wir
schauen? Schauen wir auf die anderen? Oder schauen wir
über sie hinaus auf diesen Geist, auf seine Bewegung und
seine Zuwendung für alle gleichermaßen? Wenn wir auf den
Geist und auf seine Bewegung schauen, schauen wir auch
auf die Folgen, die das Verhalten der anderen für uns und für
sie hat, und stimmen ihnen zu, wie sie sind. So nimmt uns
die Zustimmung zu anderen, was immer sie auch tun, in eine
Zucht der Gedanken und eine Zucht der Liebe.

Um wie viel mehr, wenn wir von dieser Zustimmung
abweichen. Wenn wir die anderen nicht gleichermaßen von
der Bewegung des Geistes geführt und von ihr auf die gleiche Weise in die Zucht genommen anerkennen wie uns.
Wenn unsere Gedanken sich sogar gegen die anderen rich-
ten und ihnen Böses wünschen, wie wir es zum Beispiel tun,
wenn wir wollen, dass ihnen Gerechtigkeit im Sinne von
Sühne und Strafe widerfährt. Dann nimmt uns der Geist in
die Zucht. Wie?

Als Erstes werden wir verwirrt. Wir blicken nicht mehr
durch.

Als Zweites werden wir ruhelos. Wir werden ruhelos, weil
wir verwirrt sind.

Als Drittes fühlen wir uns körperlich und in der Seele
unwohl, denn weder unser Körper noch unsere Seele fühlen
sich im Einklang. Das heißt, wir werden vielleicht krank
oder haben einen Unfall, oder es hört in der Beziehung zu
anderen etwas auf und führt zu Konflikten. Wir erfahren
also die Zucht des Geistes auf vielen Ebenen und auf vielerlei Weise.

Die Frage ist: Wie begegnen wir dieser Zucht? Wie antworten wir auf sie? Nehmen wir sie als eine Zucht des Geistes wahr? Oder verheddern wir uns noch mehr, weil wir sie

nicht als eine Bewegung des Geistes erkennen? Wie beginnt dann die Rückkehr in den Einklang mit den Bewegungen des Geistes? Wann erreicht die Zucht des Geistes das von ihr mit Liebe gewollte Ziel?

Wenn wir zurückkehren zu den Gedanken des Geistes. Wenn wir wieder beginnen, zu denken wie er. Wenn wir wieder wohlwollend denken, mit Wohlwollen für alle.

Nach der Zucht und nach dieser Antwort auf die Zucht sind wir verändert. Wir sind reiner, gelassener und in unserer Liebe klar.

Die Ehre

Geehrt werden wir für eine besondere Leistung. Geehrt werden aber auch Menschen, die eine besondere Stellung einnehmen und in ihr für viele Verantwortung übernehmen. Geehrt werden auch jene, die sich in einer Gruppe durch ihre Verdienste einen ehrenvollen Platz erworben haben. Auch wir werden manchmal auf diese Weise geehrt.

Die Frage ist: Wie gehen wir mit einer solchen Ehrung um, ohne dass wir durch sie die Verbindung mit den uns tragenden Kräften verlieren? Und wie ehren wir andere auf eine Weise, dass weder sie noch wir uns über diese Kräfte erheben?

Wir bleiben uns bewusst: In allem, was uns gelingt, und in allem, was wir im Dienste anderer auf uns nehmen, werden wir von anderen Kräften bewegt, auch in dem, was uns an unsere Grenzen gebracht hat und scheitern ließ.

Was immer uns gelingt, bleibt vorläufig. Es geht vorbei, wie auch wir und unser Leben vorbeigehen. Im Wissen um das Vorläufige unseres Tuns und unserer Erfolge bleiben wir unten. Wir bleiben auf der gleichen Ebene wie alle anderen auch.

Wie können und dürfen wir andere ehren? Wenn wir sie ehren, schauen wir über sie hinaus auf jene Kraft, die sie führt, die sie auch für uns führt. Wir ehren die anderen zusammen mit dieser Kraft. Damit schützen wir sie vor unseren Ansprüchen, auch vor unserer Kritik und unserer Überheblichkeit. Das heißt: Indem wir sie ehren, achten wir sie zugleich als Menschen wie wir.

Das Gleiche gilt, wenn andere uns ehren. Wir bleiben in Verbindung mit diesen Kräften und ihnen zu Diensten, nur ihnen. Damit schützen wir uns vor Ansprüchen, die über das hinausgehen, was wir im Einklang mit diesen Kräften anderen geben und vor was wir sie bewahren müssen. Wir schützen sie letztlich auch vor uns selbst.

Diese Haltung erlaubt uns, weiterhin einer von ihnen zu sein: Mensch wie sie und so weit unten, dass wir aufrecht bleiben und aufrecht stehen, ohne zu fallen.

Selbstständig

Wer selbstständig denkt, handelt auch selbstständig. Was heißt hier selbstständig? Selbstständig denkt, wer im Einklang mit den Bewegungen des Geistes denkt. Denn in dem Augenblick denkt er, unabhängig von allen anderen, wie dieser Geist denkt. Daher denkt er auch ohne Furcht. Vor was sollte er sich fürchten, wenn er im Einklang mit dem Geist denkt, der alles bewegt?

Entsprechend selbstständig handelt er auch. Im Einklang mit den Bewegungen des Geistes handelt er zur Sache, unabhängig von Meinungen und Vorlieben und unabhängig von Einwänden, die eher etwas verhindern, als dass sie es fördern.

Wer selbstständig bleibt, lässt sich nicht dreinreden, weder in seinem Denken noch in seinem Handeln. Er redet auch anderen nicht drein. Er achtet ihre Selbstständigkeit und bleibt mit ihnen in Frieden.

Wirklich selbstständig sind nur der Geist und seine Bewegung. Da er alle auf eine je eigene Weise denkt und bewegt, bleiben sie selbstständig, eben weil er sie selbstständig denkt und bewegt.

Selbstständig ist daher das Gegenteil von selbstbezogen. Weil der Selbstständige im Einklang mit den Bewegungen des Geistes bleibt, bleibt er im Einklang mit anderen Selbstständigen und mit ihrem Denken und Handeln. Das aber ist die eigentliche Liebe, die geistige Liebe.

Daheim

Wo sind wir daheim? Wo können wir bleiben? Wo können wir für immer bleiben? Dorthin zieht es uns, dorthin sind wir auf dem Weg.

Manchmal stellen wir uns vor, dass es ein Weg zurück ist, dorthin, woher wir kommen. So erleben wir es in unserem Gefühl.

Finden wir diesen Ort hier? Oder ist er woanders angesiedelt? Denn das Daheim hier gibt es nicht mehr. Es ist verändert und vergangen.

Also muss unser Weg eine andere Richtung nehmen, dorthin, wo wir für immer daheim sind. Diese Richtung ist keine irdische oder eine menschliche, sondern eine geistige.

Wenn wir dorthin gelangen, ist dieser Ort uns fremd?

Wäre er uns fremd, wären wir an ihm nicht wirklich daheim. Die Sehnsucht nach diesem Daheim setzt voraus, dass wir den Ort kennen. Oder soll ich hier eher sagen, dass wir den Zustand, daheim zu sein, kennen, dass wir ihn bis in den innersten Kern unseres Wesens hinein kennen?

Dieser Kern hat keinen Anfang. Er war schon da, bevor wir in dieses Leben traten, und er bleibt jenseits dieser Zeit für uns genauso da, wie schon zuvor.

Wo dieser Kern west, dort sind wir bleibend daheim. Wir sind verbunden mit etwas, das den Kern unseres Wesens gedacht hat, das ihn ewig gedacht hat, das ihn bleibend gedacht hat. Weil es diesen Kern schon immer gedacht hat, bleibt er am Wesen. Daher kehren wir auch zu ihm nicht zurück, als wäre er uns fern. Wir brauchen ihn nur zu denken, wie er gedacht ist, wie er schon vorher gedacht ist, jetzt gedacht, immer gedacht.

Und schon sind wir daheim, bleibend daheim und, wo immer wir uns befinden und wohin wir auch gehen, ganz daheim.

Vorbei

Wenn etwas vorbei ist, ist es auch für uns vorbei? Oder haftet es noch an uns, und haften wir noch an ihm so lange, bis es für alle vorbei sein kann?

Was lässt etwas für uns wirklich vorbei sein? Wenn es sein ihm gemäßes Ziel erreicht hat, wenn es dort angekommen ist, wo es bleiben kann. Denn selbst kann es nicht vorbei sein. Nur für uns und etwas anderes kann es vorbei sein, so vorbei, dass es nicht mehr an etwas haftet.

Wo und wie erreicht etwas sein Ziel? Wenn es in jene

Bewegung mündet, die alles bewegt, sodass sich nichts mehr außerhalb von ihr bewegen kann. Was vorbei ist, ist daher nur noch so weit auf anderes bezogen, als alles auf die gleiche Weise von dieser Kraft bewegt wird.

Wie können wir also etwas vorbei sein lassen? Wie können andere und anderes uns vorbei sein lassen? Im Schauen auf den Geist, der alles bewegt. Wir erkennen die Bewegung des Geistes auch in dem, was für uns nicht vorbei sein will oder für das auch wir nicht vorbei sein dürfen.

Von dieser Schau angezogen, bis wir von ihr erfasst werden, schauen wir über alles Nahe hinaus, auch über das, was noch an uns haftet, und über das, an dem wir noch haften, bis wir vor diesem Letzten ruhig werden. Vor diesem Letzten sind wir bis in unsere letzte Tiefe gesammelt, unbewegt bewegt, und in ihm für immer da.

Wenn wir in dieser Haltung und in diesem Schauen verharren, ziehen wir das andere, das sich noch an uns heften will, weil es von uns erwartet, was wir ihm niemals geben können, mit in diese Schau und in diese Bewegung hinein. Doch nicht, weil wir das wollen oder von uns aus vermögen. Sondern weil wir in dieser Haltung bleiben. Dann darf auch für das andere nach einer Weile das, was noch auf dem Weg ist, vorbei sein. Wann und wie? Wenn es ebenfalls ankommt.

Die Zustimmung

Jemandem oder etwas zuzustimmen heißt zuerst, mit ihm im Einklang zu sein. Daher ist unsere Zustimmung zuerst eine persönliche Erfahrung. Wir stimmen einem Menschen oder einem Ereignis oder sonst etwas, das für uns zu einem Gegenüber wird, von innen her, aus einer persönlichen Erfahrung zu. Wir stimmen ihm zu, unabhängig davon, ob es uns anspricht, ob es uns etwas gibt oder nimmt, was immer es uns dadurch schenkt oder abverlangt. Das, dem ich zustimme, ist also zuerst innen in mir. Es wurde bereits ein Teil von mir, bevor ich ihm auch handelnd zustimme und mich handelnd auf es einlasse, wie diese Zustimmung es will.

Die Zustimmung von außen folgt also einer zuvor von uns innen erfahrenen Anerkennung und Liebe. Sie folgt einer Schwingung, in der der andere und das andere auf eine Weise mit mir schwingen, dass es mir etwas von ihnen hinzufügt und etwas von mir auch ihnen. Durch diese Zustimmung werden sowohl ich als auch die anderen vollständiger und reicher. Wir wachsen aneinander.

Zustimmen heißt natürlich, dass ich dem anderen zustimme, wie er ist, ohne Vorbehalt und ohne Urteil. Damit überschreite ich eine mir von meinem Gewissen und von den mir wichtigen Gruppen vorgegebene Grenze, die mir verbietet, diesen anderen in meiner Seele ebenfalls eine Heimat zu geben. Diese Zustimmung trennt mich von denen, die von mir verlangen, diese anderen von mir fernzuhalten, sie zu verurteilen und abzulehnen und sie zu bekämpfen. Würde ich ihnen folgen, gehen mir in dem Augenblick sowohl die einen als auch die anderen verloren.

Noch etwas ist hier zu bedenken. Wenn ich dem anderen zustimme, wie er ist, komme ich in Einklang sowohl mit ihm als auch mit einem Teil von mir. Das, was mir bei ihm am Anfang fremd erschien oder sogar bedrohlich, entpuppt sich in meiner Zustimmung zu ihm als Teil von mir, als ein Teil, der mir gefehlt hat. Das Gleiche geschieht mit dem anderen. Auch er findet über diese Schwingung in mir einen Teil von sich, der ihm fehlt. Auch er findet in mir, wie ich in ihm, mehr zu sich selbst.

Dabei genügt es, dass ich durch meine Zustimmung von mir aus mit dem anderen in Einklang komme, ohne dass er davon weiß. Die Schwingung meiner Zustimmung erreicht ihn so oder so, genauso wie auch seine mich erreichen würde, ohne dass ich davon weiß. Die Zustimmung verändert etwas in ihm und in mir. Sie erlaubt auch ihm, in seiner Wahrnehmung und in seinem Tun eine Grenze zu überschreiten.

Meine Zustimmung gilt auch denen, die mich unter dem Einfluss ihres Gewissens und ihrer Ängste von meiner Zustimmung zu den ihnen fremden oder feindlichen anderen abhalten wollen, vielleicht sogar mit der Androhung, dass ich sonst nicht mehr länger zu ihnen gehören darf.

Wenn ich ihnen zustimme, wie sie sind, genauso, wie sie sind, kommen auch sie mit mir in eine Schwingung. Auch sie werden ein Teil von mir und ich von ihnen. Auch in ihnen begegne ich einem Teil von mir, der mir fehlt, so wie auch sie in mir finden, was ihnen fehlt.

Wieso entfaltet unsere Zustimmung eine solche Wirkung? Woher nimmt sie diese verändernde Kraft? Aus dem Einklang mit dem schöpferischen Geist, der alles, was sich bewegt, so denkt, wie es sich bewegt, und der ihm so, wie er es bewegt, in allem zugewandt bleibt.

Im Einklang mit dieser Bewegung des Geistes lernen wir Schritt für Schritt, immer mehr Menschen zuzustimmen, bis unsere Zustimmung alle erreicht, einschließlich uns selbst. Erst in dieser umfassenden Zustimmung erfahren wir uns ganz.

Die Liebe

Vorbemerkung

Gereinigt werden wir vor allem durch die Liebe. Was für eine Liebe? Durch die Liebe des Geistes. Sie reinigt uns von dem, was wir ablehnen, und von dem, dem wir böse sind. Wenn wir uns einschwingen in die Bewegungen des Geistes, bewegen wir uns allem gleichermaßen zugewandt. Auf diese Weise werden wir von unseren Vorurteilen gereinigt und von jeder Wertung oder Unterscheidung, die dem einen mehr zustimmt und dem anderen weniger, die also das eine mehr und das andere weniger liebt.

Wohin führt uns diese Liebe? Zum Wohlwollen für alle, wie sie sind, zu wohlwollenden Gedanken und zu wohlwollendem Handeln. Es führt uns zur Zustimmung zu ihnen, wie sie sind.

Kann etwas reiner als dieses Wohlwollen sein? Verbindet uns etwas reiner mit den Bewegungen dieses Geistes? Kann etwas anderes uns ihm näher bringen als diese Liebe?

Diese Reinigung gelingt uns schrittweise. Die Betrachtungen in diesem Kapitel nehmen uns auf diesen Weg mit.

Ich bin wie du

Wieso bist du anders? Weil du andere Eltern hast, weil du aus einer anderen Familie kommst, weil du vielleicht etwas anderes glaubst und etwas anderes erhoffst und weil deine Familie und du eine andere Vergangenheit haben und eine andere Zukunft. Vielleicht sind sie auch einer anderen Bedrohung ausgesetzt und müssen sich gegen sie wappnen und wehren.

So wie du für mich anders bist, bin ich es auch für dich. Dennoch sind wir uns auch gleich. Weil ich Ähnliches in mir wahrnehme, fühle ich mich ein in das, was in dir vorgeht. Ich gehe mit deiner Bewegung. Ich verstehe dich, ohne dass ich bin wie du. Und du verstehst mich, ohne wie ich zu sein. Ich fühle, ich bin auch wie du, und du bist auch wie ich.

Solange ich in meinem Lebensbereich bleibe und du in deinem, fällt uns dieses Verstehen verhältnismäßig leicht. Wir müssen uns kaum begegnen und kaum zusammen leben und handeln. Wenn ich aber in deinen Lebensbereich trete, wenn ich vielleicht sogar in deinen Lebensbereich eingeladen bin, verlasse ich meinen für eine Zeit. Nun wird dein Lebensbereich für mich auch der meine. Wie verhalte ich mich dann so, dass du spürst, dass ich dich und deinen Lebensbereich achte, dass du spürst, dass ich weiß, ich bin auch wie du?

Ich fühle wie du. Ich denke wie du. Ich verehre, was du verehrst. Ich nehme, was du mir anbietest. Ich werde durch das, was dir wichtig und wertvoll ist, reich.

Verliere ich dann etwas von mir? Im Gegenteil. Ich werde mehr, der ich war.

Die Demut

Die Demut folgt einer Erkenntnis. Sie ist Wissen um die Vielzahl unserer Bindungen. Sie ist das Wissen um eine für uns unendliche Zahl von Vorgängen, die über unser Leben und unser Wohlbefinden und Glück bestimmen. Über welche dieser Bindungen und Vorgänge könnten wir uns erheben, ohne sofort Schaden zu nehmen und an unsere Grenzen zu kommen? Daher fügen wir uns ihnen und bleiben mit ihnen im Einklang. Wie? Demütig.

Demütig zu sein, heißt für uns, im Einklang zu sein, sowohl mit dem unmittelbar Nahen als auch mit dem für uns Letzten, das wir im Nahen zwar am Werk und in Bewegung erfahren, dessen Wissen und Wollen uns aber verborgen bleiben.

Wie erleben wir diesen Einklang? Ist er gedacht, oder wird er gefühlt? Der Einklang ist eine Schwingung. Als eine Schwingung wird er gefühlt. Was ist das für eine Schwingung? Sie ist eine Schwingung der Zustimmung und Liebe. Diese Zustimmung geht mit einer Bewegung des Geistes. Sie ist eine Bewegung des Geistes. Daher ist sie vor allem im Geist.

Diese Zustimmung ist in Bewegung. Wir können an unserer inneren Bewegung überprüfen, ob wir wirklich zustimmen und inwieweit wir zustimmen. Nur als eine gefühlte innere Bewegung erreicht sie den anderen und bringt ihn in jene Schwingung, die ihn bewegt.

In dieser zustimmenden Schwingung bleibe ich mit allen auf der gleichen Ebene. Das aber ist demütig. Demütig zu sein heißt, ich bleibe auch mit denen verbunden, gegen die ich andere Gefühle als die der Zustimmung hegte. Mit ihnen in die gleiche wohlwollende Zustimmung zu kommen, heißt, mit ihnen zu schwingen, wie sie sind, und zugleich

ihre Schwingung aufzunehmen, wie sie auch mich innerhalb meiner Zustimmung erreicht. In dieser Schwingung
bin ich ihnen gleich, und sie sind mir gleich. Wie? Demütig.

Demütig heißt daher immer, ich weiß mich den anderen
gleich, nicht über und nicht unter ihnen. Demütig bin ich daher auch aufrecht, aufrecht neben anderen Aufrechten. Weil
ich in diesem Sinne demütig bin, gebe ich anderen keine
Macht über meine eigene Bewegung, so wie auch ich keine
Macht ausübe, die sie mir dienstbar machen würde. Weil
ich durch diese Demut allen anderen gleich bin, sind sie von
mir und ich von ihnen in diesem Sinne unabhängig und frei.

Heilung und Heil

»Heil dir!« ist ein Segenswunsch. Genau genommen ist er
auch ein Gebet. Denn woher soll dieses Heil kommen, wenn
nicht von einer Macht, die von außen eingreifen und Segen
spenden kann, von einer schöpferischen Macht?

Wenn wir auf Heil und Heilung warten und darum bitten,
denken wir oft an uns als Einzelne, aber auch an unsere
Familie oder Gruppe, die bedroht oder heimgesucht wurde.
Auch für sie kommen Heil und Heilung von woanders her,
von einer geistigen Macht. Sie wirkt auf eine geistige Weise
auf das, was der Heilung bedarf.

Wunden werden auf diese Weise geheilt, auch eine Krankheit und eine verfahrene Situation. Unrecht wird auf diese
Weise geheilt, und Beziehungen werden von ihr geheilt.

Dort, wo wir Heilung erfahren, auf welcher Ebene und
in welchem Bereich auch immer, wird ein früherer Zustand
wiederhergestellt und etwas, das auseinanderging, wird
wieder zusammengebracht. Wo solche Heilung gelingt, er-

fahren wir sie als geschenkt. Sie gelingt, wenn größere Kräfte von außen eingreifen. Es sind geistige Kräfte, die jenseits des von uns Beherrschbaren wirken. Diese Kräfte bringen uns Heilung und Heil.

Heilung ist für uns vor allem das körperlich erfahrene Heil. Heilung gibt es auch für seelische Wunden und für die Krankheiten der Seele. Auch hier wird durch die Heilung etwas wiederhergestellt. Es wird etwas zusammengefügt und miteinander verbunden, was auseinandergefallen war und das von uns getrennt oder uns weggenommen wurde. Auch hier wird die Heilung als von einer geistigen Macht bewirkt und geschenkt erfahren.

In einem religiösen Zusammenhang sprechen wir vom Heil der Seele. Hier wirkt die Vorstellung mit, dass die Seele von Gott getrennt wurde, zum Beispiel durch die Sünde, und dass sie durch die Tröstungen und die Vermittlung der Religion wieder mit Gott verbunden und mit ihm vereint wird.

Heilung und Heil werden auf vielerlei Ebenen von Menschen vermittelt, und wir sind ihnen für die von ihnen erfahrene Hilfe dankbar. Sind wir es auch dieser geistigen Macht gegenüber, die durch sie wirkt? Wie viel anders können wir Heil und Heilung erfahren, wenn wir uns von Anfang an mit den Bewegungen dieser schöpferischen Macht verbunden wissen, sowohl in uns als auch in den anderen. Selbst wenn wir in einer Krankheit oder Not anderen ganz ausgeliefert sind, bleiben wir mit dieser Kraft in Verbindung: in denen, die uns beistehen, und in uns.

Wie ist es mit der Heilung und dem Heil des Geistes? Braucht auch er manchmal Heilung? Es sind ja vor allem die Irrungen des Geistes, die vielen Unheil bringen. Woher kommt es, dass unser Geist Vorstellungen und Zielen folgt, die gegen andere und ihr Heil gerichtet sind und letztlich auch gegen uns selbst?

Wie heilen wir unseren Geist? Zuerst, indem wir innerlich leer werden von den Vorstellungen und Bildern, die sich schon auf den ersten Blick als illusorisch und gegen die Vernunft erweisen.

Zweitens, indem wir unsere Vorstellungen und Bilder an der uns erfahrbaren Wirklichkeit überprüfen, sowohl für den Anfang einer von uns gewollten Bewegung als auch für ihren vorhersehbaren Ausgang.

Drittens, indem wir den Anschluss an die Bewegungen des schöpferischen Geistes suchen, die allem gleichermaßen zugewandt sind.

Viertens durch die Nacht des Geistes. Das heißt, wir lassen unsere bisherigen Vorstellungen, Meinungen und Absichten hinter uns, auch unser bisheriges Wissen, und tasten uns schrittweise vor, bis uns aus dem Dunkel eine Erkenntnis trifft wie ein Blitz. Sie leuchtet auf, und sofort wird es wieder dunkel. Doch nun wissen wir die nächsten Schritte, nur die nächsten Schritte. Hier erfahren wir uns auf eine besondere Weise geistig geführt, immer im Einklang mit den Bewegungen des Geistes, der alles will, wie es ist. Diese Bewegungen sind Liebe.

Von diesem Geist geführt, wird unser Geist rein und heil. Von ihm geführt, wird unser Geist in seinem Denken und Wirken für viele heilsam.

Abgelehnt

Wann fühlen wir uns abgelehnt, und wann werden wir abgelehnt? Wenn wir von jemandem etwas erwarten, das er oder sie uns nicht geben kann oder will.

Die Frage ist: Dürfen wir von ihnen erwarten, was wir uns

wünschen? Haben wir einen Anspruch darauf? Oder maßen wir uns etwas an, was uns nicht zusteht? Wollen wir, dass sie uns zu Diensten sind, obwohl sie uns nicht zur Verfügung stehen dürfen?

Und wann lehnen wir andere ab? Aus dem gleichen Grund. Wir sind enttäuscht, dass sie uns nicht zu Diensten sind.

Wie entgehen wir der Ablehnung, der eigenen und der Ablehnung der anderen? Wenn sie und wir bei unserer eigenen Bestimmung bleiben und jeder im Einklang mit den Bewegungen des Geistes seinen eigenen Weg gehen darf.

Manchmal bringen uns diese Bewegungen mit anderen auf eine Weise zusammen, dass wir von diesem Geist auf etwas hinbewegt werden, das wir gemeinsam in Bewegung setzen und dem wir gemeinsam dienen.

Wer den Bewegungen des Geistes folgt, kann weder ablehnen noch abgelehnt werden. Er steht auch niemandem im Weg. Er liebt und wird geliebt – aber auf Abstand, so, wie die Bewegungen des Geistes es zulassen und wollen.

Ich weine

Ich weine, wenn ich einen großen Verlust erlitten habe. Zum Beispiel weine ich am Grab eines geliebten Menschen. Oft weinen andere mit mir aus Mitgefühl. Sie weinen auch aus Mitgefühl mit dem Toten, vor allem, wenn ihn sein Tod plötzlich ereilte, zum Beispiel bei einem Unfall. Durch unser Weinen verbinden wir uns mit ihm und nehmen an seinem Schicksal Anteil. Unser Weinen wird auch zum Abschied von ihm, oft ein schmerzlicher Abschied, vor allem, wenn er uns nahestand.

Dieses Weinen verändert etwas in uns. Wir werden inne, wie bedroht wir sein können und, vor allem, wie vergänglich wir sind. Dieses Weinen verbindet uns mit anderen auf eine zutiefst menschliche Weise. Es macht uns menschlicher.

Noch etwas ist bei unserem Weinen zu bedenken. Die Frage ist: Erreicht unser Weinen den, um den wir weinen? Erreicht ihn unsere Liebe für ihn, die sich in unserem Weinen zeigt? Braucht er unser Weinen?

Ich glaube, ja. Doch nur wenn unser Weinen wie ein Abschied ist, wenn wir mit unserem Weinen den anderen dorthin gehen lassen, wohin ihn sein Schicksal zieht. Durch dieses Weinen verbinden wir uns zugleich mit den größeren Mächten, die über sein und unser Schicksal wachen. Wir werden vor ihnen mit denen, um die wir weinen, eins.

Von diesem Weinen zu unterscheiden ist das selbstbezogene Weinen. Es trennt eher, als dass es verbindet.

Es gibt auch Freudentränen. Wir weinen aus Freude bei einem lang ersehnten Wiedersehen und bei einem Wiedersehen, das uns überrascht, weil wir nicht mehr an es glauben konnten. Auch hier weinen wir mit Liebe.

Das Danken

Was geht in uns vor, wenn wir jemandem danken? Was geht in ihm vor? Durch das Danken anerkennen wir, dass uns der andere etwas Gutes getan hat. Vor allem, wenn er uns etwas gegeben hat, was wir zum Leben brauchen, etwas, das unser Leben weiterbringt. Aber auch, wenn er unserem Leben etwas hinzufügt, das es für uns leichter und schöner macht. Vor allem, wenn er unserem Leben über das Notwendige hinaus etwas Geistiges hinzufügt, das uns gemeinsam mit etwas Größerem verbindet.

Durch das Danken anerkennen wir den anderen in dem, was er uns gibt, aber auch in dem, was er für uns bedeutet.

Besonders schön und tief wird unser Dank, wenn wir beim Danken zugleich über den anderen hinausschauen, wenn wir mit ihm und hinter ihm auch seine Eltern sehen. Wenn wir mit ihm auch seine Eltern anerkennen und unser Dank an ihn sie mit einbezieht.

Vor allem aber schauen wir über ihn hinaus auf jene Kraft, die uns und ihn in allem, was wir tun, in Bewegung bringt und in Bewegung hält. Dann verbindet unser Danken uns und ihn mit etwas Größerem und macht uns umso reicher.

Manchmal nimmt unser Dank dem anderen auch etwas weg. Zum Beispiel wenn wir ihm überschwänglich danken. In dem Augenblick treten wir zwischen ihn und die uns tragenden Kräfte. Dieser Dank trennt eher, als dass er verbindet. Er lässt uns weniger Mensch sein.

Der schönste Dank ist die Freude über den anderen und über das, was wir uns gegenseitig schenken. Dieser Dank zeigt sich im Leuchten auf unseren Gesichtern, wenn wir nehmen und geben. Dieses Leuchten verbindet auf eine besondere Weise, denn in ihm anerkennen wir zugleich unser Eigenes.

Persönlich

Die Bewegungen des Geistes erreichen uns, als seien sie für uns persönlich. Wir erfahren sie, als würde sich jemand unser persönlich annehmen, als lägen ihm unser Leben und unser Tun persönlich am Herzen. Das ist eine tiefe Erfahrung.

Manchmal sind wir versucht, diese Erfahrung wie eine Auszeichnung zu betrachten, als seien wir auf besondere Weise von diesem Geist geliebt und geführt. Doch weil sie eine Bewegung des Geistes ist, ist sie auch allen anderen zugewandt. Dieser Geist bewegt sie auf eine Weise, dass auch sie an sich erfahren, dass sie auf eine persönliche Weise von ihm geführt und geliebt werden.

Was bedeutet das für uns? Was verlangt es von uns? Dass auch wir, wie dieser Geist, allen Menschen persönlich zugewandt sind.

Was geschieht dann mit uns? Wir kommen mit den Bewegungen des Geistes auf eine Weise in Einklang, dass wir mit ihnen über uns hinausgehen, obwohl wir sie als persönlich erfahren. Erfahren wir uns dann weniger persönlich oder mehr persönlich? Wir erfahren uns umfassender persönlich. Wie dieser Geist sind wir uns und allen anderen gleichermaßen zugewandt, persönlich zugewandt.

Der Dienst

Wem diene ich? Wer dient mir? Wenn ich jemandem oder einer Sache diene, wer dient ihnen durch mich? Wenn mir jemand dient, in was für Bereichen auch immer, wer dient mir in ihnen?

Jemandem zu dienen, heißt hier, ihn in dem zu fördern, was ihm guttut und der Erfüllung seines Schicksals und seiner Bestimmung dient. Dieses Dienen kann von uns bewusst gewollt sein. Dann ist es ein Dienen mit Liebe. Es kann aber auch durch die Umstände erzwungen sein. Es kann sogar dem Willen entspringen, dem anderen zu schaden. Es kann also sowohl aus dem guten Willen als auch aus einem bösen kommen.

Hier spätestens wird deutlich, dass Dienst auch etwas ist, das das Gegenteil von dem sein kann, was wir uns wünschen. Dass sich etwas anderes unser bedient, damit wir einer umfassenden Sache dienen, umfassend von der Zeit und von den Zielen her. Ja, dass wir, was immer wir tun oder wollen, was immer wir erreichen oder verlieren, von einer Bewegung, die von außen kommt, für diese Ziele benutzt und in den Dienst genommen werden.

Das gilt selbstverständlich auch für die anderen, die mit uns in Beziehung treten, was immer sie dabei fördern oder verhindern wollen. Auch sie stehen im Dienst dieser Bewegung und über sie in unserem Dienst.

Was ist das für ein Dienst? Er bringt uns in Einklang mit dieser Bewegung, auch dort, wo sie vordergründig betrachtet gegen andere und gegen uns gerichtet scheint. Sie zwingt uns, ihr auf eine Weise zu dienen, die über unser vordergründiges persönliches Interesse und über das vordergründige persönliche Interesse von anderen weit hinausgeht.

Auf die gleiche Weise dienen die anderen uns, selbst dort, wo sie uns zu schaden scheinen. Auch in ihnen wirkt diese andere Bewegung und dieser alles bewegende Geist.

Ist dieser Dienst ein Dienst der Liebe? Von den Bewegungen des Geistes her, ja. Er kann auch von uns her ein Dienst der Liebe sein, wenn wir uns, was immer wir tun, den Bewegungen dieses Geistes überlassen, selbst dort, wo wir uns schuldig fühlen oder ungerecht und hart. Wir bleiben aber ohne Urteil, ohne Wertung, ohne Bedauern, in allem gesammelt. Auch hier immer im Dienst.

Keine falsche Bewegung

Eine falsche Bewegung kann es nur bei uns geben, niemals bei jenem Geist, der alles bewegt, wie es sich bewegt.

Ist eine falsche Bewegung bei uns nicht auch eine Bewegung des Geistes? Selbstverständlich ist sie eine Bewegung des Geistes. Allerdings mit Folgen für uns.

Die wesentliche Folge einer für uns, von ihrer Wirkung her gesehen, falschen Bewegung ist, dass sie uns durcheinanderbringt. Das heißt, dass wir durch sie den Einklang mit den Bewegungen des Geistes verlieren. Durch ihre Folgen bringt uns unsere falsche Bewegung zur Besinnung. Wir erfahren spürbar, welche Folgen die Abweichungen von den Bewegungen des Geistes für uns haben. Durch sie finden wir zu den Bewegungen des Geistes zurück. Durch sie hat er uns auf eine Weise geführt, die uns in Zukunft enger mit ihm verbindet. Vor allem lassen uns diese Folgen in der Zukunft vor einer falschen Bewegung auf der Hut sein.

Was sind für uns falsche Bewegungen? Es sind Bewegungen, die von der Liebe des Geistes abweichen. Wie weichen sie ab? Indem sie den Überblick über die Reichweite der Bewegungen des Geistes verlieren. Indem sie vergessen, dass dieser Geist in gleicher Weise auch denen zugewandt ist, gegen die wir uns bewegen wollten, aus was für Gründen auch immer. Indem unsere Bewegungen verkennen, dass die Bewegungen des Geistes im anderen, der uns vielleicht verletzt hat oder über uns eine Macht gewinnen wollte, die ihm vom Geist her nicht zukam, am Ende uns zugutekommen. Dass die Bewegungen des Geistes im anderen auch für uns etwas Gutes bewirken, wenn wir sie geschehen lassen. Denn in dem Augenblick bewegt der Geist auch uns auf eine Weise, die allen dient, auch wenn wir am Anfang noch nicht erkennen, wie heilsam diese Bewegungen sind.

Also, von der falschen Bewegung kehren wir zurück zur Liebe, zur Liebe des Geistes für alle, für uns und alle anderen zugleich. Dann bewegen wir uns wieder richtig.

Die Liebe

Liebe heißt, im Einklang zu sein. Die Liebe ist daher eine Schwingung. Sie ist ein Mitschwingen. Dieses Mitschwingen ist Mitschwingen mit dem Dasein. Die Liebe unter Menschen ist das Mitschwingen mit dem Dasein des anderen, mit seinem Dasein, wie es ist, mit seinem Dasein, wie es für ihn gewollt und für ihn bestimmt ist.

Mein Mitschwingen mit dem anderen, wie er ist, bringt auch ihn zum Schwingen. Für meine Liebe spielt es keine Rolle, ob er auf gleiche Weise auch mit mir schwingt. Denn vielleicht gehört es zu seinem Dasein, dass er mehr mit anderen Menschen schwingt als mit mir.

Mein Mitschwingen mit anderen Menschen, wie sie sind, kann auf Dauer nicht ohne Wirkung bleiben. Ihr Mitschwingen erreicht auch mich nach einer Weile, ohne dass sie oder ich mich bewege. Auf einmal erfahre ich tief innen in mir, dass Dasein Mitschwingen heißt und dass erfülltes Dasein das Mitschwingen mit allem heißt, wie es ist. Nicht nur das Mitschwingen mit anderen Menschen, sondern auch mit allem anderen, wie es ist.

In diesem Da-Sein mit allem, in diesem Mitschwingen mit allem, wie es ist, in diesem Mitschwingen mit Liebe bin ich zutiefst mit den Bewegungen jenes Geistes im Einklang, der alles zum Schwingen bringt, wie es ist. Ich werde von seiner Schwingung erfasst, ich schwinge mit ihm und bin mit ihm in der Liebe.

Meine Liebe, mein Mitschwingen mit allem, wie es ist, ist mehr als nur meine Liebe. Sie ist geschenkte Liebe. Sie ist mir von diesem Geist geschenkt, der alles denkt und liebt, wie es ist. Sie wird durch mich von ihm auch allem anderen geschenkt, wie es ist. Diese Liebe hört nie auf.

Gebraucht

Alles, was ist, wird auch gebraucht. Das heißt, nichts ist für sich allein da.

So wie wir vieles andere brauchen, braucht anderes auch uns. Weil wir mit vielen anderen uns gegenseitig brauchen, sind wir mit ihnen verbunden.

Manche verleugnen, dass sie die anderen und das andere brauchen. Sie gehen rücksichtslos mit ihnen und mit ihm um, als bräuchten sie die anderen und das andere nicht. Es zeigt sich aber bald, dass sie durch ihre Rücksichtslosigkeit leicht verlieren, was sie später noch brauchen. Wenn sie es brauchen, haben sie es nicht mehr.

Dieses gegenseitige Sich-Brauchen erfahren wir hautnah in unseren Beziehungen. Denn Beziehungen entstehen dort, wo wir einander brauchen. Je mehr wir einander brauchen, desto inniger wird diese Beziehung.

Darüber hinaus gibt es noch eine ganz andere Beziehung, wo wir etwas brauchen, aber das andere uns nicht braucht. Dennoch tritt es mit uns in eine Beziehung. Es ist eine Beziehung der Liebe, einer besonderen Liebe. Diese Liebe bleibt einseitig, weil nur die eine Seite gibt. In dieser Liebe empfangen wir, was wir brauchen, und können nichts geben. Wir brauchen auch nichts geben. Diese Liebe fließt über, ohne dass die andere Seite antworten muss. Sie ist immer nur da. Dennoch ist diese Liebe insofern auch gegenseitig, als wir auf sie mit Liebe antworten können, nur mit Liebe.

Was habe ich hier zu beschreiben versucht? Die Liebe des Geistes. Die Liebe des Geistes, wie wir sie erfahren, wenn wir uns von ihr bewegen lassen.

Ich habe aber auch unsere geistige Liebe beschrieben, wenn wir mit den Bewegungen dieses Geistes in Einklang kommen und zu lieben lernen wie er.

Diese Liebe ist zugewandt, ohne etwas zu wollen. Sie ist allem zugewandt, wie es ist. Sie ist den Menschen zugewandt, wie sie sind. Sie ist der Welt zugewandt, wie sie für uns da ist.

Brauchen wir diese Liebe? Wird sie von uns gebraucht? Brauchen andere diese Liebe von uns? Wird sie von ihnen gebraucht?

Unsere Seele und unser Geist brauchen diese Liebe. Wozu? Nur in ihr sind wir da, ganz da, mit Liebe da.

Das Wissen

Vorbemerkung

In der abendländischen Mystik spricht man neben dem Reinigungsweg auch von einem Erleuchtungsweg. Erleuchtung meint hier die Einsicht, wie wir immer umfassender in den Einklang mit den Bewegungen des alles wissenden Geistes kommen. Es geht um das Einswerden mit seinem Wissen und seiner inneren Führung. Wissen meint hier in erster Linie das Wissen um die nächsten Schritte auf diesem Weg.

Es geht aber auch allgemein um den Erkenntnisweg und wie wir auf ihm in Verbindung mit jenem geistigen Bewusstsein kommen, das uns unmittelbar zu den Einsichten führt, die wir für die geistige Liebe und das ihr entsprechende Handeln im Augenblick brauchen.

Das Staunen

Wenn ich beginne zu staunen, werde ich weit. Ich fühle mich mit etwas Großem verbunden. Ich fühle mich mit ihm eins und zugleich vor ihm klein. Klein aber nur, weil ich staune und solange ich staune.

Im Staunen halte ich inne und bleibe stehen. Denn im Staunen halte ich Abstand. Staunend bin ich vor etwas Wunderbarem nur da.

Wie lange können wir solches Staunen ertragen? Oft überwältigt es uns so stark, dass wir es uns aneignen wollen. Wir wollen es in den Griff bekommen, sei es in Gedanken, sei es im Gefühl, sei es im wirklichen Anfassen und Hingehen.

Wenn ich staunend vor einem hohen Berg stehe und mich ihm aussetze, komme ich in eine Schwingung mit ihm und er mit mir. Manchmal halte ich seine Schwingung nur schwer aus, zu mächtig erfahre ich sie in meinem Körper und in meinem Geist. Dann führt er mich über mein Staunen über sich hinaus, auf etwas Größeres hin, dessen Schwingung mich durch ihn erreicht hat. Es hat sich mir durch ihn offenbart.

Will ich mich dann bewegen, zum Beispiel, um auf den Berg hinaufzugehen oder ihn gar zu besteigen – wie schrecklich, wenn wir genau auf dieses Wort hören –, warnt er mich, ihm nicht zu nahe zu kommen. Missachte ich seine Warnung, verliere ich das Staunen vor ihm und vor dem Größeren, das mich durch ihn berührt hat.

Das Gleiche erfahre ich, wenn ich auf einer Wiese eine Blume anschaue, die mich durch ihre Schönheit und ihren Duft betört. Staunend bleibe ich vor ihr stehen. Ich bin vor ihr nur da. Aber nicht nur vor ihr allein. Durch sie komme ich in Einklang mit jener Kraft, die sich in ihr offenbart, die

sich mir in ihr zuwendet. Wenn ich auf meinem Weg weiter-
gehe, erfüllt von meinem Staunen, begleitet sie mich, und
mit ihr begleitet mich auch diese wunderbare Kraft auf eine
beglückende Weise.

Was aber geschieht, wenn ich sie pflücke? Staune ich
dann noch? Vielleicht ja, denn das ist die eine Seite.

Die andere Seite ist, dass ein Berg mich vielleicht einlädt,
ihm näher zu kommen. Wenn ich seiner Einladung folge,
gehe ich auf ihn hinauf, gesammelt und staunend. Die ganze
Zeit bleibe ich mit dieser alles bewegenden Kraft verbunden, die mich mit ihm zusammen sieht und mir erlaubt, auf
ihn hinaufzusteigen.

Das Gleiche geschieht mit einer Blume oder einer anderen Pflanze. Vielleicht sind sie Heilpflanzen oder nährende
Pflanzen. Sie erlauben mir, sie zu pflücken, damit sie mich
und andere am Leben erhalten.

Vielleicht freut sich die Blume, wenn ich sie pflücke, weil
ich mich auch zuhause an ihrer Schönheit erfreuen will. Ich
pflücke sie behutsam und staunend. Zuhause gebe ich ihr
einen besonderen Platz, an dem sie sich wohlfühlen kann,
und ich gebe ihr das Wasser und die Nährstoffe, die sie
braucht, um noch eine Weile zu bleiben.

Wenn wir unsere Augen und unsere anderen Sinne für die
uns überall begegnende Schönheit der Schöpfung öffnen, ist
des Staunens kein Ende. Staunend werden wir andächtig,
ehrfürchtig, achtsam, liebevoll, dankbar. Staunend werden
wir mit dem Nahen und zugleich mit dem Fernen auf eine
erfüllende Weise glücklich und eins.

Das Bewusstsein

Wo ist das Bewusstsein? Ist es in uns? Wo zum Beispiel ist unser Körperbewusstsein? Haben wir ein Körperbewusstsein? Sind wir uns unseres Körpers wirklich bewusst? Oder sind wir uns nur eines Bruchteils unseres Körpers bewusst? Und sind wir uns dieses Bruchteils unseres Körpers auf eine gute Weise bewusst, auf eine Weise, die ihm zugewandt ist und im Einklang mit ihm?

Dennoch, die ganze Zeit, ob wir an unseren Körper denken oder nicht, ob wir uns seiner bewusst sind oder nicht, wird er von einem Bewusstsein gesteuert, das alle seine Abläufe bis ins Kleinste auf eine Weise zusammenwirken lässt, die unserem Bewusstsein entzogen und ihm in jeder Hinsicht überlegen ist.

Wo ist dieses Bewusstsein? Kann es in unserem Körper sein oder sonst wo in uns, wo wir uns doch oft unseres Körpers überhaupt nicht bewusst sind oder waren? Zum Beispiel, als wir noch Kinder waren und noch weiter zurück, als unsere Mutter uns in ihrem Schoß trug. Wo immer dieses Bewusstsein auch ist, innerhalb oder außerhalb von uns, wir haben teil an ihm. Doch nur, weil dieses Bewusstsein uns an ihm teilhaben lässt.

Bei uns Menschen ist das Besondere, dass wir uns dieses Bewusstseins bewusst werden können. Wir haben es nicht nur, wir sind uns seiner auch bewusst. Auf diese Weise haben wir auf eine besondere Weise an ihm teil. Dennoch, nur an einem Bruchteil von ihm.

Wo also ist das Bewusstsein? Gibt es ein Bewusstsein außerhalb von uns und außerhalb von allem anderen für uns wahrnehmbaren Sein, das von diesem Bewusstsein am Leben und in seinem Sein gehalten wird? Gibt es dieses Bewusstsein unabhängig von uns und unabhängig von allem für uns in der Welt erfahrbaren Sein? Können wir es uns anders vorstellen? Ist in diesem Sinne die Vorstellung, dieses Bewusstsein sei von uns abhängig, zum Beispiel von unserem Gehirn und unserem Verstand, nicht widersinnig?

Dennoch fühlen wir uns bis ins Letzte hinein mit diesem Bewusstsein verbunden. Wir spüren instinktiv, dass wir ohne dieses Bewusstsein sterben müssen. Ohne dieses Bewusstsein könnten wir nicht mehr da sein.

Was geschieht dann mit uns, wenn wir sterben? Was geschieht mit allem anderen Leben, wenn es zu leben aufhört? Was geschieht mit der Welt, sollte sie einmal aufhören? Hört dann auch das Bewusstsein auf? Oder ist es umgekehrt, dass in diesem Bewusstsein alles enthalten bleibt, weil in diesem Bewusstsein nichts aufhören und vergehen kann? In diesem Bewusstsein kann nichts von allem vergehen, denn es war ja nur da, weil es diesem Bewusstsein bewusst war, und – so dürfen und müssen wir weiter folgern – es ist weiterhin da, weil es diesem Bewusstsein noch immer bewusst ist. Dieses Bewusstsein können wir uns nur ewig vorstellen, ohne Anfang und ohne Ende, immer da. Wenn wir also sterben, sind wir in diesem Bewusstsein noch da. Vor allem ist in diesem Bewusstsein auch unser Bewusstsein noch da. Anders vielleicht, umfassender, und wie dieses Bewusstsein unendlich und ewig.

Wer hat dieses Bewusstsein? Gibt es jemanden, der dieses Bewusstsein hat? Oder ist das Bewusstsein selbst dieses Letzte? Ist dieses Bewusstsein das reine, das ganze, das unendliche Bewusstsein? Ist es der Urgrund allen Seins? Dieses Bewusstsein ist geistig, rein geistig. Es ist das reine Denken, das alles, was es denkt, auch bewirkt.

Wie verhalten wir uns im Angesicht dieses Bewusstseins? Wie begegnen wir ihm? Können wir je aus ihm herausfallen? Kann es für uns aufhören, wenn wir sterben? Oder werden wir uns nach unserem Tod in ihm nur umso umfassender bewusst? Nimmt uns dieses Bewusstsein in sein Bewusstsein mit hinein? Ist dieses Bewusstsein das eigentliche Sein, jenseits des uns physisch erfahrbaren Seins?

Weil alles von diesem Bewusstsein abhängt, ist auch alles physisch erfahrbare Sein mit ihm verbunden. Wir haben an ihm im Physischen jetzt Anteil und – so lautet die Schlussfolgerung – auch noch danach.

Weil wir uns durch unseren Geist dieses Bewusstseins bewusst sind, spüren wir in uns die Sehnsucht, uns seiner immer umfassender bewusst zu werden. Wie bewusst? Dieses Bewusstseins unendlich bewusst.

Getrost

Wann sind wir getrost? In der Nacht sind wir getrost. In ihr fühlen wir uns aufgehoben. Das Viele und Verwirrende des Tages, auch das Bedrohliche vielleicht, tritt in den Hintergrund. Es ist für eine Zeit vorbei.

In der Nacht kommen wir zur Ruhe, auch zur Besinnung, und wir werden müde. Uns überkommt der Schlaf. Er vor allem lässt den Tag vorbei sein. Im Schlaf träumen wir und sind im Traum woanders. Wir sind vielleicht dort, wo wir uns aufgehoben fühlen. Wir fühlen uns zurückgekehrt in einen vertrauten Raum, fast wie bei der Mutter, aber größer, weiter, tiefer. Wir fühlen uns heimgekommen zum Ursprung.

Dort sind wir zutiefst getrost. Das Ruhelose, das Bedrängende, das Fordernde sind vorüber. Hier ist alles gut.

Ist es ein Traumbild, von dem ich hier rede? Widerspricht es nicht unserer wirklichen Erfahrung?

Gerade dann hilft uns dieses Bild, zur Ruhe zu kommen, wieder zurück zum Wesentlichen, zur eigentlichen Kraft.

Denn dorthin geht unsere Sehnsucht und geht unser Weg. Was immer unsere Umwege waren, dorthin gehen auch sie.

Wenn wir aufwachen, sei es aus dem Schlaf, sei es aus einer tiefen Sammlung, ordnet sich das Viele und das Verwirrende, weil wir woanders in uns ruhen. Wie? Getrost.

Vorher

Für alles, was besteht, gibt es ein Vorher. Vor jedem Jetzt gab es ein Vorher, so wie es vor jedem Später ein Vorher gibt.

Hatten auch wir ein Vorher? Vor uns waren unsere Eltern und unsere Ahnen. Sie waren vor uns, wir kommen nach ihnen. Wir kommen nach ihnen, weil sie vor uns waren, so wie auch wir vor vielen anderen sind, die nach uns kommen werden. Wir kommen nach unseren Ahnen sowohl in der Zeit als auch in dem, was wir sind. Denn wir sind unsere Ahnen. Obwohl sie vor uns da waren, sind sie auch jetzt noch in uns da.

War auch unser Ich schon vor uns da? Bringt unser Ich etwas mit, was auch auf eine andere Weise als über die Abstammung mit uns verbunden ist? Waren wir persönlich schon vorher da und sind es jetzt wieder? Sind wir sogar nicht nur in uns da, sondern zugleich in anderen Menschen, denen wir begegnen, sodass wir uns in ihnen wiederfinden und sie sich in uns? Manchmal erleben wir es so und kommen in der Begegnung mit ihnen auf eine besondere Weise zu uns selbst.

Wie ist es mit unserem Bewusstsein? War unser Bewusstsein auch schon vorher da? Wir erleben in uns eine Steigerung des Bewusstseins in dem Sinne, dass wir uns mit der Zeit immer mehr unser selbst bewusst werden und auch einer Sache. Insofern erfahren wir auch mit Bezug auf unser Bewusstsein ein Vorher und ein Nachher.

Das ist jedoch nur vordergründig gedacht. Denn unser persönliches Bewusstsein hängt von einem anderen Bewusstsein ab. Das heißt, es kann sich seiner und einer Sache nur bewusst werden, weil es mit einem anderen Bewusstsein verbunden ist und nur so weit, als dieses andere Bewusstsein in ihm wirksam wird.

Dieses andere Bewusstsein kann in keiner Weise von unserem Bewusstsein abhängen, da es ja bereits bewusst und wissend in unserem Körper gewirkt hat, ohne dass wir es als ein Bewusstsein wahrnehmen oder gar als unser Bewusstsein. Dieses Bewusstsein ist außerhalb von unserem Bewusstsein da. Daher war es auch schon vor uns da. Es ist nicht vorstellbar, dass es durch uns entsteht, nur durch uns, oder dass es erst zusammen mit uns entsteht.

Noch etwas ist zu bedenken. Kann dieses Bewusstsein, wenn wir uns seiner bewusst werden, ein rein persönliches Bewusstsein sein, ein Bewusstsein, das uns alleine gehört und das in unseren Diensten steht? Oder ist es ein Bewusstsein, an dem alle Menschen teilhaben? Dann muss es ein Bewusstsein sein, das nicht nur vor uns, sondern auch vor allen Menschen da war.

Was ist das dann für ein Bewusstsein? Es muss ein Bewusstsein sein, das schon immer alles gewusst hat, und zwar in der Weise, dass alles nur da sein kann, weil dieses Bewusstsein schon immer sich allem bewusst war. Alles kann nur da sein, weil es diesem Bewusstsein bewusst ist. Es tritt ins Dasein, weil es von diesem Bewusstsein gedacht und gewusst ist.

Dieses Bewusstsein ist also gleichzeitig mit allem, was da ist, da. Weil es aber ein Bewusstsein in Bewegung ist, weil sich alles, was da ist, bewegt, bewegt sich auch dieses Bewusstsein. Aus dieser Sicht hat auch dieses Bewusstsein

ein Vorher und ein Nachher. Alles, was vorher war, bleibt diesem Bewusstsein bewusst, genauso wie ihm auch sein Nachher bewusst ist. In diesem Sinne ist jedes Vorher und jedes Nachher für dieses Bewusstsein gleichzeitig da. So wenigstens legt unser Denken es nahe.

Ich komme nun zu meinen Anfangsfragen zurück: Hatten wir ein Vorher vor unserem Jetzt? War auch unser Ich schon vorher da? Sind wir sogar in anderen Menschen da, sodass wir, wenn wir ihnen begegnen, in ihnen uns selbst begegnen?

Sind diese Fragen jetzt noch wichtig? Oder ist die Antwort auf sie selbstverständlich, weil wir uns mit unserem Bewusstsein an dieses umfassende Bewusstsein angeschlossen erfahren und weil uns im Einklang mit ihm alles bewusst werden kann, was war? Vielleicht sogar auch das, was einmal sein wird?

Noch etwas ist hier zu überlegen. In diesem Bewusstsein ist alles, was war, noch in Bewegung. Daher gibt es in diesem umfassenden Bewusstsein weiterhin eine Bewegung von Vorher und Nachher. In ihm gibt es auch eine Bewegung von Vorher und Nachher, die uns erfasst und die uns hineinzieht in etwas Unvollendetes, das seiner Vollendung noch harrt. In diesem weiten Sinne gibt es für uns in der Teilhabe an diesem Bewusstsein weiterhin ein Vorher und Nachher, zumindest für eine Zeit. Das gilt für uns persönlich und für unsere Verbindung mit anderen. Das heißt einerseits, dass es für uns nach unserem Tod noch etwas Unvollendetes geben kann, das in diesem umfassenden Bewusstsein so lange weitergehen muss und weitergehen kann, bis es vollendet ist. Und dass wir andererseits mit anderen Unvollendeten in Verbindung kommen, vielleicht sogar mit einem früheren Ich von uns und einem früheren Selbst, und wir nur zusammen mit ihnen unser eigenes Unvollendetes vollenden können und dürfen.

Braucht es uns zu kümmern? Können wir daran etwas steuern oder ändern? Oder hängt auch hier die Steuerung ganz von diesem umfassenden Bewusstsein ab? Was bleibt uns also zu tun? Können wir etwas tun?

Manchmal erfahren wir, dass dieses umfassende Bewusstsein uns eine besondere Einsicht schenkt und uns mitnimmt in eine Bewegung, die das Vorher und Nachher schon jetzt zusammenführt zu einer vielen schon hier gemeinsam geschenkten Vollendung. Ist es dann noch unsere Bewegung? Oder ist sie uns geschenkt, schon jetzt geschenkt?

Wie also können und müssen wir uns mit Bezug auf dieses Bewusstsein verhalten? Ohne Einwand, im Einklang mit diesem Bewusstsein nur da.

Die Angst

Die Angst engt ein. So wenigstens erleben wir sie oft. Dann wollen wir uns befreien. Wir wollen aus der Enge heraus, damit wir wieder atmen können.

Diese Form der Angst hängt mit unserer Geburt zusammen. Dort erlebten wir die intensivste Enge. Es ging dabei um Leben und Tod, bis uns der erste Atemzug gelang.

Dieses Erleben wirkt nach, wo immer wir uns durchsetzen wollen und durchsetzen müssen. Die Erinnerung an dieses Erleben treibt uns an, durchzuhalten und durchzukommen. In diesem Sinne ist jedes bestandene Abenteuer eine Wiederholung der Geburt.

Vielleicht suchen viele immer wieder Abenteuer, um die ursprüngliche Angst und das ursprüngliche Gelingen trotz aller Angst noch einmal zu erleben. Vor allem geht es ihnen darum, das ursprüngliche Glück wieder zu erleben, als sie, nachdem alles gelang, an der Brust der Mutter trinken und einschlafen konnten. Denn was ist ein Abenteuer wert, wenn wir es nicht erzählen und andere mit uns sich freuen können, dass wir es wohlbehalten überstanden haben, ähnlich wie unsere Mutter sich freute über unsere Geburt?

Der Angst begegnen

Die ursprüngliche Angst sitzt uns auch später noch in den Gliedern und im Gefühl. Wir sind uns dieser Angst zutiefst bewusst.

Wie können wir ihr begegnen? Wir können ihr körperlich und seelisch begegnen, zum Beispiel durch eine Wiederbelebung der Angst und ihre Überwindung im jetzigen Gefühl, so wie manche moderne Methoden der Psychotherapie sie anbieten.

Wir können mit ihr aber auch auf eine geistige Weise umgehen. Zum Beispiel indem wir unseren Körper für eine Weile hinter uns lassen, während sich unser Geist, als würde er auf eine Reise gehen, von jenem umfassenden Bewusstsein in eine Weite und Tiefe führen und ziehen lässt, in der auch unser Körper von uns geistig erfahren und geistig geheilt werden kann. Auf diese Weise tritt etwas, was vorher körperlich in uns war, für uns geistig nach außen. Zum Beispiel diese Angst.

Innerhalb dieses umfassenden Bewusstseins begegnen wir auch anderen Menschen, vor allem solchen, mit denen wir im Augenblick innig verbunden sind oder es früher schon waren, Menschen, die ebenfalls diese Angst in sich erfahren haben und vielleicht sogar an ihr gestorben sind. In diesem umfassenden Bewusstsein haben sie diese Angst überwunden, oder sie warten darauf, dass wir diese Angst mit ihnen gemeinsam überwinden, zur Heilung für sie und uns zugleich. Daher sind wir uns innerhalb dieses Bewusstseins nicht nur unserer eigenen Angst bewusst, sondern auch ihrer Angst. Gemeinsam warten wir innerhalb dieses Bewusstseins auf eine Hilfe, auf eine Bewegung des Geistes.

Wir warten aber auch auf eine Bewegung des Geistes innerhalb unseres Körpers. Wir warten darauf, dass dieses Bewusstsein in unserem Körper geistig etwas in Ordnung bringt und geistig heilt.

Die plötzliche Angst

Wie ist es aber, wenn diese Angst uns plötzlich überfällt, wenn wir zum Beispiel plötzlich die Angst haben, keine Luft mehr zu bekommen und zu ersticken – ähnlich, wie wir sie vielleicht bei unserer Geburt erlebt haben? Nimmt uns diese Angst dann nicht auf eine Weise gefangen, dass wir an nichts anderes mehr denken können und wir mit letzter Kraft nur noch aus dieser Angst herauswollen?

Was ist hier für uns eine mögliche Lösung? Wir verbinden uns schon vorher mit dieser geistigen Bewegung und mit diesem weiten Bewusstsein und erfahren schon vorher, wie dieses Bewusstsein in unserem Körper geistig etwas Heilendes bewirkt. Geistig heißt hier, dass dieses Bewusstsein mit Bezug auf unsere Vergangenheit etwas überwindet, was uns gefangen hielt, aber auch, dass es uns mit anderen Menschen verbindet oder sogar mit uns selbst, wie wir vor diesem Leben einmal waren.

Die Vollendung

Dieses Bewusstsein nimmt uns also in jenen Bereich des Geistes mit, in dem alles gleichzeitig mit allem anderen da ist. Es nimmt uns mit in eine Bewegung, die schöpferisch vollendet, was in uns und in den anderen, mit denen wir uns verbunden erfahren, noch auf die Vollendung wartet. Auf was für eine Vollendung? Auf eine geistige Vollendung. In dieser Bewegung vollendet dieses Bewusstsein auch unsere Angst.

Andere haben auch Angst um uns, wie wir vielleicht um sie. Wie gehen wir mit dieser Angst um?

Diese Angst ist unbegründet. Schon deshalb, weil wir nicht wissen, wohin die Bewegungen des Geistes uns und die anderen führen. Wir überlassen also die anderen ihrem Schicksal, wie es für sie von diesem Geist vollendet wird, genau wie auch wir uns den Bewegungen dieses Geistes für unsere Vollendung überlassen.

Was geschieht dann mit uns? Was geschieht mit den anderen, die Angst um uns gehabt haben? Wir und sie werden zurückgeworfen auf unsere eigene, auf unsere tiefste Angst.

Die tiefste Angst

Was ist diese tiefste Angst? Es ist die Angst, nicht geboren werden zu können, obwohl wir schon da sind. Es ist die Angst, dass wir bei unserer nächsten Geburt, die uns mit unserem Tod bevorsteht, ebenfalls nicht ankommen oder nur nach unsäglichen Mühen.

Wie gehen wir mit dieser Angst um? Wir warten auf die rechte Zeit. Wir sammeln die geistigen Kräfte, die uns auf diesen Übergang vorbereiten, wann immer er kommt.

Wie kann uns das gelingen? Wir üben den Übergang, indem wir uns schon jetzt von diesen Bewegungen des Geistes erfassen lassen, als würden wir in der Sammlung schon jetzt probeweise hinübergehen in diesen geistigen Bereich, als würden wir uns schon jetzt von den Bewegungen des Geistes in ihn hinüberziehen lassen.

Wir erfahren also in der Sammlung schon jetzt unsere geistige Geburt.

Ungewusst

Das Ungewusste ist nur von uns ungewusst. Denn weil es wirkt, ist es von jemandem gewusst. Vielleicht haben auch wir es einmal gewusst. Es wurde aber in das so genannte Unbewusste verschoben. Dort wirkt es weiter, uns aber nicht mehr bewusst.

Das meiste von dem, was wirkt, ist von uns ungewusst. Wir könnten dieses Wissen auch nicht ertragen. Es wäre zu groß für uns. Daher wissen wir vom Ungewussten nur jenen Teil, den wir für unser Leben brauchen. Vieles davon ist insofern ungewusst, als wir ihm nur instinktiv folgen, also ohne darüber nachzudenken, vor allem dann, wenn Not am Mann ist.

Dennoch gibt es für uns einen Zugang zu dem von uns Ungewussten. Allerdings nicht so, dass wir auf einmal alles wissen. Wir finden den Zugang zu einem umfassenden Bewusstsein in der Sammlung auf die Bewegungen des Geistes, der alles weiß, weil er es denkt, wie es ist. Oder umgekehrt gesagt: weil alles ist, wie er es denkt.

Wenn wir mit seinen Bewegungen gehen, nimmt er uns in sein Bewusstsein mit. Was sind das für Bewegungen? Es sind vor allem Bewegungen der Liebe. Durch unser Mitgehen mit diesen Bewegungen wird durch sie das von uns Ungewusste auch uns bewusst.

Wie bewusst? Durch eine überraschende Einsicht. Plötzlich eröffnet sich uns durch sie der Zugang zu einem Wissen, das uns und anderen neue Türen öffnet und neue Wege weist. Was sind das für Türen? Was sind das für Wege? Wenn wir durch diese Türen gehen, werden wir sehend, wo wir vorher blind waren. Wenn wir diese Wege gehen, erreichen wir Ziele, die uns vorher unerreichbar waren.

Diese Ziele sind geistige Ziele, und dieses Wissen ist ein tiefes Wissen. Es ist Wissen um das Wesentliche. Es ist Wissen um das, was uns über dieses Leben hinaus geistig vollendet. Es ist das Wissen, wie wir mit den Bewegungen des Geistes im Einklang schwingen, bis wir in dieser Bewegung still werden, still wie der Geist: still alles wissend, ohne selbst zu wissen, wissend wie dieser Geist, in ihm nur da. Wie da? Liebend da.

Unglaublich

Was uns heutzutage selbstverständlich scheint, müsste Menschen aus einer früheren Zeit, wenn wir es ihnen erzählten, unglaublich erscheinen. Zum Beispiel, dass wir mit dem Flugzeug in wenigen Stunden Entfernungen überbrücken, für die sie früher mit dem Schiff ein Jahr brauchten.

Auch uns scheint vieles unglaublich. Zum Beispiel, was Wissenschaftler zurzeit unternehmen, manches davon heimlich, was unsere Welt auf eine Weise verändern kann, wie wir es uns noch nicht vorstellen können. Vieles davon macht uns auch Angst.

Was immer uns im Augenblick unglaublich scheint und Angst macht, macht es einen Unterschied, wenn wir uns in den geistigen Bereich begeben, uns in ihn hineinziehen lassen? In ihm erfahren wir, dass alles, wie es ist und woher es auch kommen mag, von der Bewegung eines alles umfassenden Geistes gesteuert wird und ihm zu Diensten steht, unabhängig, wo wir uns befinden. Vor dieser Bewegung des Geistes tritt alles andere in den Hintergrund, so unglaublich es uns vorher scheinen mochte.

Dieses umfassende Bewusstsein existiert unabhängig von der physischen Welt, obwohl auch das Physische geistig ist. Es ist von diesem Geist gedacht und wird von ihm bewegt. Wir können in der Sammlung den physischen Bereich verlassen, wie wir es auf ähnliche Weise in unseren Träumen tun, und eintauchen in dieses geistige Bewusstsein.

Dieses Bewusstsein erfahren wir auf verschiedenen Ebenen. Die eine ist dem physischen Bereich noch nahe. Die höheren Ebenen entfernen sich immer mehr von ihm in einen Bereich jenseits der physischen Welt und des physischen Seins.

Hier gibt es keine Angst mehr und auch kein Staunen. Alles ist wie ewiges Wissen nur da. Wissend auch für uns da, sicher wissend für uns – und wir wissend mit ihm. Dieses Wissen ist still, unglaublich still. In ihm erfahren wir uns vollendet.

Geführt

Wenn wir uns verirrt haben, warten wir auf jemanden, der uns auf den Weg, den wir verloren haben, zurückbringt.

Das gilt vor allem für den geistigen Bereich. Gerade wenn

wir uns unseres Weges sicher zu sein glauben, stellt sich nach einer Weile heraus, dass wir uns in unseren Gedanken und Wünschen im Kreis drehen. Wir schreiten voran, ohne weiterzukommen, erschöpfen uns und halten an. Wir müssen zugeben, wir waren auf dem falschen Weg und haben uns verirrt. Manchmal versuchen wir es noch einmal, doch ohne neue Orientierung, und drehen uns weiterhin im Kreis. Am Ende müssen wir erkennen, dass es so nicht weitergeht, und kommen zur Besinnung.

Wenn wir wirklich zur Besinnung kommen, war der Weg nicht umsonst. Selbst hier zeigt sich, dass wir von einer guten Kraft geführt wurden, allerdings auf einem Umweg. Diese gute Kraft ist eine geistige Kraft, ihre Führung ist eine geistige Führung.

Die geistige Führung kommt aus einem Bewusstsein, das unser Bewusstsein übersteigt. Sie kommt aus dem Bewusstsein eines alles wissenden Geistes. Dieser Geist weiß alles, weil er es bewegt, wie es sich bewegt. Er bewegt es, wie er es denkt und will. Was könnte sich bewegen, ohne von diesem Geist bewegt zu sein und in diesem Sinne von ihm auch geführt?

Wenn wir uns verrannt haben, vor allem, wenn wir uns mit unseren Gedanken verrannt haben, brauchen wir seine Führung. Seine Führung zeigt sich auch darin, dass er uns, wenn wir auf einem falschen Weg waren, nach einiger Zeit bewusst macht, dass dieser Weg nicht weiterführt.

Wie erfahren wir diese Führung? Wie wird sie uns bewusst? Wenn wir gesammelt auf sie warten, ohne uns zu bewegen, wissend, dass nur sie uns weiterhilft. Wir erfahren sie auch, wenn wir um sie bitten.

Die Führung des Geistes erfahren wir einmal an den Folgen unseres früheren Denkens, wenn er sie uns bewusst macht. Sie zeigt sich zum Beispiel dort, wo wir versuchen, diesem Denken in unserem Handeln selbst dann noch zu folgen, wenn uns die Umstände durch ihren Widerstand bereits gezeigt haben, dass es so nicht weitergeht.

Wenn wir diese Führung ernst nehmen und rechtzeitig innehalten, erfahren wir uns auf eine nächste Weise geführt – durch eine Einsicht. Es ist die Einsicht in den nächsten Schritt, nur in den nächsten Schritt. Wenn wir dieser Einsicht folgen, wird uns die Einsicht auch für die weiteren Schritte gewährt. Wir werden also von Einsicht zu Einsicht auf neue Wege geführt und kommen immer umfassender mit den Bewegungen dieses Geistes in Einklang.

Wohin führen diese Bewegungen? Sie führen uns zur Liebe des Geistes, zur Liebe für alles, wie es ist. In diesem Sinne werden wir auch zur Liebe für das geführt, was uns auf unseren Umwegen an unsere Grenzen gebracht hat.

Nach einer Weile kommen wir auf eine Weise in den Einklang mit den Bewegungen dieses Geistes, dass wir vor jeder entscheidenden eigenen Bewegung auf ihre Führung warten.

Diese Führung führt uns zu einem anderen Denken und zu einem anderen Tun. Wir bleiben mit ihr in Verbindung und folgen ihr, selbst dort, wo manches von uns aus dagegen spricht.

Im Einklang mit dieser Führung werden wir ruhig und gelassen. Wir bleiben allem zugewandt, wie es ist. Im Einklang mit dieser Führung werden wir weit und klar und sind uns sicher, ob etwas geht oder nicht. Sollten wir manchmal von der Führung des Geistes abweichen, bringen uns die Folgen zur Besinnung, bis wir wieder mit ihr in Einklang kommen.

So geführt, wirken wir Gutes und erfahren uns auf unserem Weg erfüllt und wissend.

Geschützt

Geschützt zu werden, ist für uns ein Urverlangen. Uns geschützt zu wissen, gibt uns Sicherheit, uns ungeschützt zu wissen, macht uns Angst. Wer sich geschützt weiß, bleibt ruhig, was immer ihm begegnet.

Am wunderbarsten geschützt erfahren wir uns in der Führung durch jenen wissenden Geist, der für uns auch in ausweglosen Situationen etwas auf eine Weise gefügt hat, dass wir uns fragen müssen: Welche gute und wissende Kraft hat es so zusammenwirken lassen, dass es gut ausgegangen ist?

Es muss eine Kraft sein, die ein umfassendes Bewusstsein hat. Es muss eine Kraft sein, die vieles gleichzeitig bewegt. Es muss eine Kraft sein, die über alles verfügt, wie es ist. Wenn wir uns von ihr geschützt erfahren, erfahren wir zugleich, dass sie uns auf eine besondere Weise zugetan ist, auf eine schützende Weise.

Manchmal vergessen wir, wie diese Kraft uns geschützt hat und uns zur rechten Zeit zu Hilfe kam. Dann kehren wir zurück zum eigenen Planen und zur Angst, dass etwas schiefgehen könnte, statt dass wir zuwarten, bis diese Kraft uns ein Zeichen gibt, dass die rechte Zeit zum Handeln gekommen ist, zum Handeln im Einklang mit ihr. Ohne dieses Warten geht oft etwas schief.

Dann beginnen wir vielleicht an dieser Kraft zu zweifeln, fürchten zum Beispiel, wir kämen zu spät, wenn wir nicht von uns aus etwas unternehmen. Und wieder werden wir durch unser voreiliges Handeln und seine Folgen zur Besinnung gebracht, weil wir nicht warten konnten, bis diese wissende Bewegung uns erfasst.

Am Ende geben wir auf. Wir lernen auf diese Kraft zu warten und auf sie zu vertrauen. Wir lernen, wie anders ihre

Liebe wirkt, weil sie ja nicht nur uns zugewandt ist, sondern zugleich allen anderen, die in diese Bewegungen eingebunden sind. Wir werden durch diese wissende und liebende Kraft erzogen, wirklich loszulassen. Wie loszulassen? Mit Liebe.

Die Wahl

Können wir wählen, wie wir wollen? Oder gibt es für uns unter allem, was wir wählen könnten, nur die eine richtige Wahl? Wie können wir unterscheiden, ob wir die richtige Wahl getroffen haben oder eine falsche? Wir unterscheiden sie an ihren Wirkungen nach einiger Zeit. Denn die Folgen unserer Wahl müssen sich zuerst zeigen.

Die falsche Wahl führt von uns weg. Die richtige Wahl führt zu uns hin. Die richtige Wahl macht uns ruhig und gesammelt, denn wir spüren ihre Kraft.

Ist die falsche Wahl immer falsch? Oder erweist sie sich nach einer Weile nur als ein Umweg, auf dem wir, wenn wir die Folgen unserer falschen Wahl zu spüren bekommen, umkehren und wieder den Anschluss an den für uns richtigen Weg finden können? Ohne die Erfahrung einer falschen Wahl ist es schwer, den Unterschied zwischen der richtigen und der falschen Wahl in unserem Gefühl zu erfassen.

Manchmal ist eine Wahl nur für eine gewisse Zeit richtig. Auch das spüren wir in unserem Gefühl. Denn nach einiger Zeit fühlt sich die zuerst richtige Wahl wie eine falsche an. Falsch wird sie für uns, wenn wir an ihr über ihre Zeit hinaus festhalten. Dann stehen wir vor einer neuen Wahl.

Wie erfassen wir in unserem Gefühl, ob unsere Wahl richtig war? Wir bleiben gesammelt und wir bleiben zugewandt.

Wir bleiben ruhig zugewandt. Auch finden wir die Unterstützung, die wir für unser Handeln gemäß dieser Wahl brauchen. Nach der richtigen Wahl brauchen wir keinen von ihrer Richtigkeit überzeugen. Die anderen nehmen an ihrem Gefühl ebenfalls wahr, ob unsere Wahl richtig oder falsch war. Sie nehmen es am gleichen Gefühl wahr, das wir hatten, als wir zwischen Richtig und Falsch unterscheiden mussten. Bei der richtigen Wahl fühlen auch sie sich gesammelt und zugewandt, ruhig zugewandt, und finden zu ihrer Kraft.

Wie erkennen wir an unserem Gefühl, ob unsere Wahl falsch war? Wir werden eifrig. Wir wollen gleich nach vorn, ohne auf die Gegenwart zu schauen und in ihr die Zeichen wahrzunehmen, an denen sich die Folgen unserer Wahl schon abzeichnen. Wir werden hektisch und müssen Bundesgenossen von der Richtigkeit unserer Wahl erst überzeugen. An ihrer Zurückhaltung können wir auch hier manchmal erkennen, dass unsere Wahl falsch war. Umso eifriger werden wir oft, in der Hoffnung, die falsche Wahl könnte sich am Ende doch noch als richtig erweisen.

Noch etwas ist zu bedenken. Auf der richtigen Wahl ruht ein Segen. Denn diese Wahl wird im Einklang mit einem geistigen Bewusstsein getroffen, das mit der Wahl auch die Kräfte bereitstellt, die wir für ihre Umsetzung brauchen.

Der richtigen Wahl geht also die Sammlung auf dieses geistige Bewusstsein voraus, und die Bereitschaft, ihr zu folgen, auch wenn uns die von diesem Bewusstsein geschenkte Einsicht überrascht. Die richtige Wahl ist also das Ergebnis der Sammlung und wird von ihr getragen.

Richtig wählen heißt also in Übereinstimmung mit den Bewegungen des Geistes wählen und im Einklang mit der uns von ihm geschenkten Einsicht.

Der Einklang mit den Bewegungen des Geistes schützt uns vor der Parteinahme für eine Wahl, die andere getroffen haben, bevor wir nicht auch ihre Wahl an unserem Gefühl überprüft haben.

Richtig wählen heißt daher zuerst, den Einklang mit diesen Bewegungen zu suchen, bis wir ruhig werden. Dann wissen wir, was wir wählen dürfen, auch wenn diese Wahl uns viel abverlangt. Was verlangt sie vor allem? Die Liebe.

Die Wahrheit

Die Wahrheit wirkt. Sie erweist sich an ihrer Wirkung als wahr.

Was ist das für eine Wahrheit? Sie steht im Dienst des Lebens. Nur wenn sie im Dienst des Lebens steht, ist sie auch wahr. Wozu wäre eine andere Wahrheit auch nütze?

Wahr sind hier in erster Linie Tatsachen. Zum Beispiel die Tatsache, dass wir eine Mutter und einen Vater haben. Wahr ist die Tatsache, dass wir nur durch sie am Leben sind und wir ohne sie nicht am Leben wären. Wahr ist die Tatsache, dass es nur diese Eltern sind, durch die wir das Leben haben. Kann eine andere Wahrheit eine weiter reichende Wirkung haben als diese?

Eine weitere Wahrheit ist, dass wir sterben werden, dass unsere Lebenszeit begrenzt ist. Auch diese Wahrheit hat eine weit reichende Wirkung.

Wie anders leben wir, wenn wir diese Wahrheit vor Augen haben? Wie viel weniger Sorgen machen wir uns um das, was nach unserem Tod sein wird? Oder umgekehrt: wie viel mehr Sorgen? Hier aber ganz andere.

Eine weitere Wahrheit ist, dass wir ein geistiges Bewusstsein haben, ein Bewusstsein, das wir als unabhängig von unserem Körper erfahren. Welche Wirkung hat es, wenn wir diese Wahrheit ernst nehmen? Wie viel mehr rückt dieses geistige Bewusstsein in den Vordergrund unseres Denkens in unserem Alltag? Zum Beispiel dadurch, dass wir uns von diesem Bewusstsein zu Erfahrungen führen lassen, bei denen wir uns mit etwas Größerem verbunden wahrnehmen, das unabhängig von unserem physischen Körper da ist und unabhängig von seinem Anfang und Ende.

Diese Wahrheiten sind uns vorgegeben, sie sind uns auch geschenkt. So sind uns unsere Eltern als eine Wahrheit geschenkt. Diese Wahrheit wirkt für uns auf eine besonders beglückende Weise, wenn wir sie als uns geschenkt auch anerkennen. Erst so erfahren wir ihre volle Tragweite und Wirkung.

Auch die Wahrheit des Todes ist eine geschenkte Wahrheit. Der Tod ist die uns geschenkte neue und nächste Geburt in den geistigen Raum. Daher können wir unser Leben in dieser Welt wie den nächsten Mutterschoß erfahren, aus dem wir in einer anderen, in einer für uns unendlichen Welt durch unser Sterben auf eine andere Weise da zu sein beginnen. Allerdings, so legen uns unsere Erfahrungen mit dieser geistigen Welt schon jetzt nahe, in eine, die für uns einen Anfang hat, von dem aus wir auf eine Vollendung zugehen, die noch aussteht.

Weil wir uns schon hier, in unserem physischen Dasein, in Verbindung mit dem Reich des Geistes wissen, gehen wir nicht nur in unserem physischen Leben einer Vollendung entgegen, einer geistigen Vollendung. Wir bewegen uns schon jetzt auch in diesem geistigen Raum. Zum Beispiel, wenn wir uns in ihn hineingezogen erfahren und Schritt für Schritt in ihm geistig geführt und weitergeführt.

Wissen wir diese Wahrheit? Können wir sie fassen? Wir erfahren sie wie jede andere wesentliche Wahrheit nur als da. Was aber könnte für uns überwältigender sein, als dass sie da ist, wirklich da?

Die Ahnung

Geahnt wird, was für uns nicht greifbar ist. Zum Beispiel haben wir manchmal Zukunftsahnungen. Wenn sie eintreffen, sagen wir: »Ich habe es geahnt.« Wir sind also mit dem von uns Geahnten in Verbindung, obwohl es abwesend ist.

Wir können auch bei Tieren Vorahnungen beobachten. Ihr Verhalten kündigt manchmal an, dass etwas im Anzug ist, zum Beispiel ein heftiger Sturm.

Wie sind solche Ahnungen oder Vorahnungen möglich? Können sie physischer Natur sein? Können sie auch bei Tieren nur physischer Natur sein?

Diese Ahnungen und Vorahnungen sind geistiger Natur Das heißt: Sie kommen aus der Verbindung mit einem geistigen Bewusstsein, dem die Gegenwart und die Zukunft gleichzeitig bewusst sind und miteinander gleichzeitig da. Dieses geistige Bewusstsein und die geistige Bewegung, die in ihm wirkt, ist allen zugewandt, denen sie diese Ahnung und Vorahnung schenkt. Es warnt uns zum Beispiel vor einer drohenden Gefahr.

Im Einklang mit den Bewegungen des Geistes und in der gesammelten Hinbewegung auf dieses umfassende geistige Bewusstsein wird uns das Kommende manchmal zur Gewissheit, also mehr als eine Ahnung. Vor allem das, was für uns der nächste Schritt sein muss, aber so, dass uns das Ausmaß dieser Gewissheit, also das, wohin dieser Schritt am Ende führen wird, verborgen bleibt. Es wird von uns nicht einmal geahnt. Obwohl wir uns also im Einklang mit diesem Bewusstsein und von ihm geführt erfahren, müssen wir uns oft blindlings auf dieses Bewusstsein verlassen, gewiss und doch nicht gewiss.

Wenn wir diese Gewissheit, also das, was für uns als Nächstes fällig wird, behandeln, als sei sie ungewiss, wenn wir an ihr zu zweifeln beginnen, verlieren wir den Einklang mit den Bewegungen des Geistes und erfahren uns von ihm verlassen. Dieser Geist lässt keinen Zweifel zu, auch keine Angst.

Wenn wir bei der Gewissheit bleiben, wie sie die Bewegung des Geistes von uns fordert, wenn wir uns also verhalten, als sei diese Bewegung gewiss, zeigt sie uns nachträglich an ihrer Wirkung, dass sie gewiss war und von weit tragender Wirkung.

Wir ahnen also, dass wir mit dem Geist nie an ein Ende kommen, sondern immer nur an einen Anfang. Wenn wir dieser Ahnung trauen und sie uns gewiss wird, bewegen wir uns im Einklang mit ihr, obwohl wir nicht ahnen können, wohin sie letztlich führt. Wir bleiben also auch bei der Gewissheit innerhalb einer Ahnung, in einer gewissen Ahnung, die sich am Ende erfüllt – gewiss erfüllt.

Die Übung

Vorbemerkung

Auf dem Weg zur mystischen Erkenntnis, hier im Sinne der natürlichen Mystik, braucht es die geistige Disziplin auch im täglichen Leben. Auf diese Weise bleiben wir geistig zugleich mit dem Nahen verbunden. Wir anerkennen das Alltägliche, wie es ist, als ebenfalls von diesem schöpferischen Geist bewegt und gewollt und dienen ihm im Einklang mit seiner Bewegung. Im Einklang mit den Bewegungen dieses Geistes üben wir im täglichen Leben diese allem zugewandte Liebe.

Die Betrachtungen in diesem Kapitel zeigen, wie uns das auf verschiedenen Ebenen auf unterschiedliche Weise gelingt, wie uns das wissend, liebend und übend gelingt.

Der reine Bezug

Im Gehen mit dem Geist und im Gehen mit seiner Bewegung treten wir mit allen Menschen in einen reinen Bezug. Was heißt das?

Wie immer sie sind, was immer sie tun, was immer sie glauben, was immer sie hoffen, was immer ihr besonderer Beitrag zum Ganzen des Menschlichen und was immer auch ihre Grenzen und ihr Leiden und Schicksal, unser Bezug zu ihnen bleibt rein. Er bleibt rein von dem, was wir sind. Er bleibt rein von dem, was wir tun. Er bleibt rein von dem, was wir glauben und hoffen, und er bleibt rein von unseren Grenzen und unserem Leiden und Schicksal.

In anderen Ländern erfahren daher die Menschen, die mit mir in Beziehung treten wollen, dass ich rein mit ihnen gehe, ganz mit der Bewegung des Geistes in ihnen und mit der Bewegung des Geistes in ihrer Religion, in ihrer Sprache, in ihrer Kultur und ihrem Schicksal. In diesem geistigen Bezug bleiben sie rein bei sich, so wie auch ich rein bei mir bleibe.

Der reine Bezug ist immer in Bewegung, so wie auch der Geist immer in Bewegung bleibt. Im reinen Bezug sind wir miteinander in einer Bewegung verbunden, in einer gemeinsamen Bewegung. Allerdings in einer reinen Bewegung. Das heißt, wir sind in dieser Bewegung in einem reinen Bezug miteinander verbunden und zugleich für unser Eigenes rein und frei.

Das Warten

»Ich habe auf dich gewartet, aber du bist nicht gekommen.«
Das sagen wir manchmal einem Menschen, auf dessen
Kommen wir gewartet haben. Das sagt manchmal auch uns
jemand, der auf unser Kommen gewartet hat.

Was geschieht, wenn wir vergeblich warten? Was geschieht, wenn wir andere vergeblich warten lassen? Wir
lösen uns von ihnen und sie sich von uns. Wir und sie
werden auf uns selbst zurückgeworfen.

Die Frage ist: Sind wir frei, uns anders zu verhalten? Sind
die anderen frei, sich anders zu verhalten? Müssen wir und
sie vielleicht auf etwas anderes warten, selbst wenn es lange
dauert? Haben wir und sie vorher auf etwas gewartet, das
uns eher festhält als voranbringt?

Wenn wir warten, warten wir auf etwas, das kommen
soll. Alles, was sich bewegt, bewegt sich auf etwas zu, das
kommt. In diesem Sinne ist das Warten Teil einer Bewegung.

Wenn sich erfüllt, auf was wir gewartet haben, sind wir
manchmal enttäuscht. Es ist vielleicht anders, als wir es uns
vorgestellt haben. Enttäuscht sind wir aber nur, wenn wir
mit dem Warten aufhören. In dem Augenblick hören wir
auch mit der Bewegung auf.

Wann hört das Warten wirklich auf? Wenn wir ganz beim
Augenblick bleiben. In dem Augenblick vergessen wir das
Warten. Der Augenblick ist erfüllt, aber nur wenn wir bei
ihm bleiben. Doch auch der Augenblick hört auf und macht
dem nächsten Augenblick Platz. Dann bewegen wir uns von
Augenblick zu Augenblick, ohne zu warten. Denn der
nächste Augenblick kommt sicher. In ihm sind wir ohne zu
warten erfüllt.

Die Ruhe

Die Ruhe ist gesammelt. Und sie ist erfüllt. Ihr ging etwas voraus, das uns in Anspruch nahm. Sobald wir dem Anspruch entsprochen haben, kommen wir zur Ruhe. Wir brauchen diese Ruhe. In der Ruhe darf das, was uns in Anspruch nahm, vorbei sein.

Die Frage ist: Was war das für ein Anspruch? War es mein Anspruch, wie er sich aus dem Einklang mit dem für mich Wichtigen und Notwendigen ergab? Oder war es ein Anspruch, den andere an mich gerichtet haben, ohne dass sie diesen Anspruch von der Sache her stellen durften, weder in ihrem eigenen Interesse noch in dem für andere guten Interesse?

Wie komme ich in einer solchen Situation zur Ruhe? Ich richte meinen Blick über das Nahe und Bedrängende, das mich unruhig gemacht hat, hinaus auf jene Kräfte, denen alle verpflichtet sind und von ihnen in den Dienst genommen.

Diese Kräfte sind ruhige Kräfte. Im Blick auf sie und in der Hingabe an sie komme ich zur Ruhe, unabhängig von allem, was ihr Anspruch an mich war oder sein wird. Diese Kräfte haben Zeit und sie nehmen sich Zeit. An ihrem Anspruch messe ich die Ansprüche anderer und wäge ab, ob und inwieweit sie mit dem Anspruch dieser Kräfte im Einklang sind. Wenn ja, kann ich auch ihren Ansprüchen folgen. Denn dann bleibe ich zugleich im Einklang mit den größeren Kräften und ruhig.

Wie kann ich bei mir unterscheiden, ob ich im Einklang mit diesen Kräften handle, selbst wenn sie mich über die Ansprüche von anderen Menschen erreichen? Wenn ich in der Ruhe bleiben kann und nach dem erfüllten Anspruch zur Ruhe komme.

Wenn ich nicht zur Ruhe komme, weiß ich, dass ich die Verbindung zu diesen Kräften verloren habe.

Was muss ich tun, um wieder zur Ruhe zu kommen? Ich ziehe mich von den Ansprüchen der anderen zurück, was immer sie mir sagen oder vorwerfen, bis der Anspruch der größeren Kräfte wieder den Vorrang hat. Bei diesen Kräften verweile ich, mit ihnen im Einklang. Wenn ich in diesem Einklang ruhig geworden bin und gesammelt bei mir bleibe, weiß ich, was diese Kräfte von mir verlangen. Ihrem Anspruch werde ich folgen. Nur ihm. Wie? Ruhig.

Fragen

Wir fragen, weil wir etwas wissen wollen. Wir fragen manchmal auch jemanden aus, weil wir etwas ans Licht bringen wollen, was er vor uns verbergen will. Dann stellen wir ihm auch bohrende Fragen.

Bohrende Fragen

Wozu stellen wir bohrende Fragen? Mit ihnen wollen wir den anderen zwingen, etwas zu sagen, was ihm und auch anderen einen Nachteil bringt, etwas, was ihn oder sie vielleicht bloßstellt. Gegen solche Fragen schützen wir uns, indem wir ausweichende Antworten geben oder indem wir leugnen, was uns mit solchen Fragen unterstellt wird.

Mit seinen bohrenden Fragen verhält sich manchmal jemand, als könne und dürfe er über uns zu Gericht sitzen und über uns urteilen. Allerdings nach seinen Maßstäben. Solche Fragen arten oft aus zu einem Verhör. Dann sind sie keine echten Fragen mehr. Sie werden zu Behauptungen und Unterstellungen in der Form von Fragen, gegen die wir uns zur Wehr setzen müssen.

Wohlwollende Fragen, wohlwollendes Schweigen

Andere Fragen sind wohlwollende Fragen. Mit ihnen nehmen wir am anderen Anteil. Zum Beispiel, wenn wir ihn fragen, wie es ihm geht. Solche Fragen dienen dem Austausch und der Liebe.

Auch hier verschweigen wir manchmal dem anderen etwas. Zum Beispiel etwas, was ihm wehtun könnte oder von dem wir meinen, dass es ihn überfordert. Auch wenn wir spüren, dass die Zeit für eine Antwort nicht reif ist. Dann warten wir auf diese Zeit mit Liebe.

Hier zeigt sich, dass wir in einer innigen Beziehung nicht alles fragen und sagen dürfen. Wir spüren, wie weit wir mit einer Frage oder einer Antwort gehen dürfen. Der andere gibt uns manchmal nach einiger Zeit von sich aus die Antwort auf etwas, was wir aus Achtung für ihn nicht gefragt haben. Gerade weil wir ihn nicht gefragt haben, fühlt er sich sicher, wenn er uns auf die von uns nicht gestellte Frage die Antwort gibt.

Seine Antwort ist ein besonderer Vertrauensbeweis. Wir hüten uns aber, ihn weiter zu fragen. Bei dieser Antwort darf es bleiben.

Der Geist

Können wir auch den Geist, der hinter allem Bewusstsein wirkt, fragen? Gibt er uns eine Antwort, wenn wir ihn fragen? Es hängt viel davon ab, wie und was wir ihn fragen.

Als Erstes müssen wir mit ihm in Einklang kommen, in Einklang mit seiner Bewegung.

Was heißt das für unsere Fragen an ihn? Was heißt es für die Antworten, die wir von ihm erwarten dürfen? Unsere Fragen bewegen sich innerhalb der Zuwendung dieses Geistes für alles, wie es sich bewegt. Das Gleiche erfahren wir in den Antworten dieses Geistes auf unsere Fragen. Sowohl unsere Fragen als auch seine Antworten kommen aus der Zuwendung für alles, wie es ist. Auf Fragen, die dem Leben und der Liebe dienen, bekommen wir von diesem Geist immer die gute und hilfreiche Antwort.

Als Zweites müssen wir bereit sein, entsprechend dieser Antwort zu handeln. Nur so bleiben wir im Einklang mit seiner Antwort und seiner Bewegung.

Als Drittes ergeben sich aus seinen Antworten weitere Fragen, und wir bekommen auf sie weitere Antworten. Diese Antworten sind Antworten der Liebe. An ihnen wachsen wir in der Liebe.

Die Klarheit

»Du bist dort, und ich bin hier.« Damit unterscheide ich klar, dass jeder für sich steht. Die Anerkennung des Eigenen ist die Grundvoraussetzung für eine klare Beziehung.

Unklar wird eine solche Beziehung, wenn der eine vom anderen erwartet, dass er diese Grenzen verwischt. Zum Beispiel, indem er dem anderen etwas aufbürdet, was er selbst tragen muss. Oder wenn er von anderen etwas auf sich nimmt, was diese verantworten müssen. Zum Beispiel die Folgen einer Schuld. Sonst wird der eine vom anderen in etwas hineingezogen, das ihn von sich entfremdet. Beiden geht dann die Klarheit über sich und den anderen verloren.

Dennoch sind wir manchmal in das Schicksal eines anderen verstrickt, meist ohne dass es uns bewusst wird. Doch wir fühlen das Unbehagen, dass wir nicht wirklich bei uns sind. Eine andere Kraft nimmt von uns Besitz, und wir fühlen uns ihr ausgeliefert.

Was sind das für Kräfte, die hinter solchen Verstrickungen wirken, und was wollen sie? Sie wollen die Ordnung wiederherstellen, die in einer Beziehung verloren ging, vor allem innerhalb der Familie. Was besagt diese Ordnung? »Ich bin hier, und du bist dort.« Das heißt: Jeder bleibt an seinem Platz, und er lässt jedem anderen seinen Platz. Auf diese Weise werden die Verstrickungen in andere Schicksale aufgehoben.

Die Unklarheit beginnt dort, wo jemand sich weigert, seinen Platz einzunehmen und ihn gegen andere zu behaupten. Vor allem aber dort, wo einem anderen sein Platz verweigert oder streitig gemacht wird.

Die Klarheit geht auch durch ungerechtfertigte Zugeständnisse auf der einen Seite und durch Forderungen auf der anderen Seite verloren, die das Gleichgewicht gefährden oder aufheben.

Das Zugeständnis erscheint oft im Gewand der Liebe. Doch das Ergebnis führt zu weniger Liebe. Wirkliche Liebe setzt die Klarheit der Grenzen voraus. Zwar können wir diese Grenzen auch überschreiten, vor allem in der Liebe zwischen Mann und Frau, aber nur für kurze Zeit. Danach kehren beide wieder an ihren Platz zurück.

Setzt uns auch der Geist Grenzen? Wenn ja, wie setzt er uns diese Grenzen? Durch seine Liebe für alle. Jeder ist so, wie dieser Geist ihn denkt und bewegt. Jeder steht auf eine besondere Weise im Dienst dieses Geistes. Daher sind die Bewegungen des Geistes für jeden einzigartig. Er setzt uns

Grenzen, weil seine Bewegungen allen auf die gleiche Weise zugewandt sind.

Wenn wir in den Einklang mit den Bewegungen des Geistes kommen, achten wir auf diese Unterschiede. Wenn wir im Einklang mit den Bewegungen des Geistes bleiben, bleiben wir auch in der Klarheit: »Ich bin hier, und du bist dort.« Dabei bleiben wir dem anderen zugewandt, wie er ist und wo er ist. Das heißt: Wir sind ihm zugewandt, weil er diesen bestimmten Platz einnimmt und sich auf sein ihm bestimmtes Schicksal hinbewegt.

Das Gleiche nehme ich auch für mich in Anspruch, wenn ich mich im Einklang mit den Bewegungen dieses Geistes bewege. Auch hier gilt in jeder Hinsicht: »Ich bin hier, und du bist dort.«

Was folgt daraus? Am klarsten halten wir den Abstand von »Ich hier und du dort«, wenn wir die Bewegungen des Geistes beim anderen anerkennen und achten, wie sie sind, und auch bei uns diese Bewegungen anerkennen und achten, wie sie sind. Im Einklang mit den Bewegungen des Geistes werden wir klar für uns und klar in unseren Beziehungen.

Was geschieht dann mit unserer Sorge um andere und um ihr Schicksal? Was geschieht mit unserer Liebe und unserem Mitgefühl für andere, denen wir von uns aus auf unsere Weise helfen wollen? Unsere Beziehung zu ihnen wird unklar. Wir werden wie sie, ohne bei uns zu sein.

Wie finden wir zur Klarheit zurück? Wir überlassen andere den Bewegungen des Geistes, wie er sie bewegt, und kehren zurück zu den Bewegungen des Geistes, wie er uns bewegt. Denn nur einer ist wirklich für jeden klar – der Geist.

Langsam

Wie kommen wir mit den Bewegungen des Geistes in Einklang? In der Regel langsam. Denn erst müssen wir uns sammeln. Das heißt, erst werden wir innerlich langsam: langsam mit unseren Gedanken, langsam mit unseren Bewegungen, langsam mit unserem Geist. Wir ziehen uns vom äußeren Geschehen zurück und von dem, was es im Augenblick verlangt. So kommen wir langsam zur Ruhe.

In der langsamen Bewegung achten wir auf mehreres zugleich, das uns in der eiligen Bewegung entgeht. In der langsamen Bewegung kommt es uns entgegen und macht sich bemerkbar. Auf einmal erkennen wir das Wesentliche, das, auf was es ankommt, das, an dem wir in unserer Eile vorbeigeeilt wären.

Mit dem Langsamen verwandt ist das Bedächtige. Bedächtig vorgehen heißt langsam vorgehen, weil in ihm vieles gleichzeitig bedacht wird.

Für den, der sich langsam bewegt, fällt vieles Unwichtige weg. Es kann ihn nicht mehr stören. Das gilt auch für unser Denken.

Nur langsam wird uns manchmal etwas klar, weil wir es lange bedenken und mit anderem in Beziehung sehen. Allerdings kommt die Einsicht, nach dem langen und langsamen Warten, oft blitzartig schnell.

Setzen wir uns nach dieser Einsicht schnell in Bewegung oder langsam? Wir setzen uns bedächtig in Bewegung, denn die Einsicht bezieht sich auf vieles zugleich.

Auch das Alter ist langsam. Es hat schon vieles bedacht. So bedacht, lässt es ihm seinen Platz und seine Zeit.

Auch das Wachstum ist langsam, weil es ebenfalls vieles gleichzeitig bedenkt und aufeinander abstimmt.

Wie schütze ich mich gegen die Eile? Wie bleibe ich langsam? In der Zuwendung zu allem, wie es ist. Die Zuwendung hat keine Eile. Sie ist langsam – bedächtig langsam.

Eingefügt

Wenn ein Zwischenstück fehlt, wird es eingefügt. Etwas Unvollständiges wird dadurch ganz. Es wird miteinander verbunden.

Eingefügt heißt auch hinzugefügt. Das Eingefügte ist das, was hinzukommt. Es wird gebraucht, damit sich etwas Unvollendetes vollendet.

Was muss in unseren Beziehungen hinzukommen, damit sich etwas vollendet? Was ist hier das Eingefügte, das etwas vollendet? Es ist die Liebe des Geistes.

Die Liebe des Geistes führt das Getrennte wieder zusammen. Nur diese Liebe ist allem zugewandt, wie es ist. Sie ist das Zwischenstück, das den Abstand überwindet.

Das Gehen mit der Liebe des Geistes ist zuerst ein innerer Vorgang. Wo immer wir in uns wahrnehmen, dass etwas auseinanderstrebt, zum Beispiel wenn wir uns innerlich über jemanden erheben oder ihm gram sind, schließen wir die Lücke, indem wir mit der Liebe dieses Geistes gehen, mit der gleichen Liebe, mit der er dem anderen zugewandt ist. Er bewegt den anderen, wie er uns bewegt – mit Liebe.

Damit wir mit dieser Bewegung mitgehen können, warten wir gesammelt, bis wir im anderen auch uns wahrnehmen und die Liebe des Geistes im anderen auch uns erreicht. Wenn diese Bewegung uns erfasst und mitnimmt, fügt sie sich zwischen ihn und uns ein als ein Zwischenstück. Die Liebe des Geistes fügt sich überall ein, verbindend ein.

Der Alltag

Der Anhang

Vorbemerkung

Die Liebe des Geistes bewährt sich im Alltag. Im Alltag zeigt sie ihre schöpferische und verbindende Kraft. Wie wir das Gehen mit den Bewegungen des Geistes im Alltag üben und einüben können, dazu geben die folgenden Texte vielerlei Hinweise. Dabei wird uns bewusst, dass der mystische Weg ein ganzheitliches Lieben und Üben verlangt, das alles in unserem Alltag in unsere Zuwendung einschließt, als vom gleichen schöpferischen Geist gedacht und gewollt.

Unendlich

Was an kein Ende kommen kann, erfahren wir als unendlich. Genau genommen, sagen wir nur, es sei unendlich, denn erfahren können wir das Unendliche nicht.

Das Unendliche stellen wir uns als eine Bewegung vor, die endlos weitergeht. Indem wir ihr Ende offen lassen, wird sie für uns unendlich. Das Unendliche ist für uns das endlos Offene.

Im Gegensatz zum Unendlichen können wir uns das Offene vorstellen, denn für das Offene haben wir vielerlei Bilder. Zum Beispiel das Bild der offenen Tür und das Bild vom offenen Raum. Was hinter dem Offenen liegt, wissen wir nicht.

Das Geistige bleibt für uns unendlich offen. Manche sprechen in diesem Zusammenhang von geistigen Zielen. Doch Ziel und Geist sind für unser Denken unvereinbar. Ein Ziel macht den unendlichen Geist für uns endlich und damit verfügbar.

Gehen mit dem Geist heißt daher: Wir lassen uns auf eine Bewegung ein, die endlos weitergeht. Nicht nur hier, auch nach unserem Tod. Die Vorstellung, der Tod sei unser Ende, ist eine ungeistige Vorstellung, eine Geist-lose.

Was bedeutet das für unseren Alltag? Wir stellen uns auf endlos Neues ein, auf endlos neue Erfahrungen, auf endlos neue Einsichten, vor allem aber auf die endlose Liebe.

Mitgeteilt

Mitgeteilt heißt: Wir teilen mit einem anderen etwas, zum Beispiel eine Information. Durch die Mitteilung gehört sie dem einen und dem anderen.

Manchmal wird eine Mitteilung zurückgehalten. Dadurch werden andere ausgeschlossen: von der Information und von denen, die sie für sich behalten.

Nicht alle Mitteilungen sind erfreulich, manche fürchten wir auch. Auf andere Mitteilungen warten wir, zum Beispiel auf die Mitteilung von einer geglückten Geburt oder einer sicheren Rückkehr.

Es gibt auch geistige Mitteilungen, wie zum Beispiel eine tiefe Einsicht. Wir behandeln sie manchmal, als gehörten sie uns, als kämen sie aus unserer Seele und aus unserem Geist. Doch die tiefen Einsichten sind Mitteilungen von außen. Sie kommen von einem anderen Geist. Durch sie teilt er uns über den Inhalt hinaus noch mehr mit – sich selbst.

Alle Bewegungen des Geistes sind solche Mitteilungen. Es kommt für uns darauf an, dass wir sie als eine Mitteilung der Liebe des Geistes wahrnehmen, durch die er sich mit uns verbindet.

Wenn wir seine Mitteilungen so wahrnehmen und aufnehmen, werden wir durch sie vergeistigt. Zu was vergeistigt? Zu seiner Liebe.

Mitgenommen

Manchmal sagen wir jemandem: »Heute siehst du mitgenommen aus.« Was hat ihn mitgenommen? Hat ihn ein Ereignis mitgenommen? Oder eine Nachricht? Hat ihn der Gedanke an eine Person mitgenommen? Oder weiß er nicht, wer oder was ihn mitgenommen hat? Doch er fühlt sich mitgenommen. Die Frage ist: Von wem wurde er mitgenommen und wohin?

Oft fühlen wir uns mitgenommen in eine Bewegung weg von uns, woanders hin. Wie gehen wir damit um? Sträuben wir uns dagegen, oder lassen wir uns willig dorthin mitnehmen, wohin sie uns zieht? Wenn wir uns gegen sie wehren, fühlen wir uns gegen unseren Willen mitgenommen. Sobald wir ihr aber zustimmen, erfahren wir uns nicht mehr mitgenommen. Wir gehen von uns aus mit.

Was nimmt uns auf diese besondere Weise mit? Eine Bewegung des Geistes. Von ihr mitgenommen, erfahren wir uns mit vielen verbunden, vor allem mit denen, die uns etwas angehen. Dann fühlen wir uns nur am Anfang mitgenommen im üblichen Sinn. Denn so mitgenommen fühlen wir uns nur, wenn wir uns wehren, mit anderen in Liebe verbunden zu sein.

Wirklich mitgenommen und verbunden werden wir im Einklang mit einer Bewegung des Geistes, mit seiner Bewegung der Zuwendung zu allem, wie es ist. Diese Bewegung verbindet uns auch mit denen, die wir vorher abgelehnt und gefürchtet haben. Sie verbindet uns mit den Ereignissen und Situationen, mit denen wir nichts mehr zu tun haben wollten. Sie verbindet uns mit dem Schatten unseres Lichts und mit dem Licht unseres Schattens.

Wohin werden wir am Ende wirklich mitgenommen? Wir werden mitgenommen zur Liebe.

Das Geld

Das Geld ist geistig. In ihm ist die Energie einer Leistung gespeichert, einer verdienstvollen Leistung. Je höher die Leistung, die für eine bestimmte Summe Geldes erbracht wurde, desto höher die in ihm gespeicherte Energie. Das hart verdiente Geld hat die größte Energie. Es wird am sparsamsten ausgegeben und am höchsten geschätzt.

Das leicht verdiente Geld, also das Geld ohne die entsprechende Leistung, hat wenig Energie. Erst recht das Geld, das durch Unrecht oder Betrug erworben wurde. Daher bleibt es nicht. Es will woanders hin. Auch darin zeigt sich: Das Geld hat eine geistige Seite, sogar eine Seele.

Am wohlsten fühlt sich das Geld – so ist mein Bild – in der Spardose. Es wartet darauf, ausgegeben zu werden. Überhaupt fühlt sich das Geld wohl, wenn es ausgegeben wird, wenn es sorgfältig ausgegeben wird für einen entsprechenden Gegenwert und eine entsprechende Leistung. So entfaltet es am schönsten die ihm innewohnende Energie und – so darf ich hier wohl sagen – seinen Geist.

Wer Geld in der Hand hält, hält die Arbeit eines Menschen in der Hand, oft auch seinen Schweiß, sein Blut und seine Tränen. Umso sorgfältiger geht er damit um. Die Sorgfalt verbindet ihn mit denen, die es verdient haben, mit Achtung und Liebe.

Hier spätestens begreifen wir, wie geistig das Geld ist. Über eine Bewegung des Geistes sind wir jenen zugewandt, durch deren Arbeit wir es ausgeben dürfen. Wir sind auch denen zugewandt, die wir mit diesem Geld ihrer Leistung entsprechend bezahlen.

Geistig erfassen wir das Geld erst, wenn wir es in Bewegung sehen und es im Einklang mit dieser Bewegung fordern, nehmen und weitergeben. Das Geld steht im Dienst der Liebe, im Dienst der Liebe des Geistes. Es ist flüssige Liebe.

Bin ich damit dem Geist des Geldes wirklich gerecht geworden? Es ist auch Macht und Waffe, Segen und Fluch. Wo es mit Macht in Menge auftritt, was erweist sich dann als die eigentliche, das Geld bewegende Kraft? Sind es die, die es haben? Oder ist es das Geld, das sie bewegt? Die Frage ist: Wenn das Geld die bewegt, die es haben, wer bewegt dann das Geld? Auch hier zeigt sich, dass das Geld etwas Geistiges ist.

Das Geld ist dem zugewandt, der es hat, vorausgesetzt, dass er es achtet, dass er es als etwas Geistiges achtet.

Auch der Arme muss das Geld achten. Er muss es als etwas Geistiges achten, im Einklang mit einer Bewegung des Geistes. Wie? Auch er mit Liebe.

Der Großmut

Der Großmütige fließt über. Er gibt mehr, als andere es von ihm erwarten, ohne von ihnen selbst etwas zu erwarten. Denn der Großmut ist Zuwendung, reine Zuwendung.

Wenn wir großzügig sind, sehen wir über vieles hinweg. Wozu hier kleinlich sein? Das Kleinliche wird durch den Großmut in den Hintergrund gedrängt, vielleicht auch beschämt. Den Großmütigen kümmert es nicht. Er bleibt auf Abstand bei sich.

Der Großmütige hat vieles hinter sich gelassen, vor allem die großen Ansprüche. Er fügt sich den Umständen, ohne von Einschränkungen viel Aufhebens zu machen.

Großmütig ist für uns vor allem der Geist. Seine Zuwendung zu uns und zu anderen erfahren wir als großzügig. Der

Geist braucht nichts aufzurechnen. Seine Bewegung geht immer weiter, sofort auf das Nächste hin. Sie ist weitläufig und weit. Sie hat das Große im Blick – und das Wesentliche. So geht es uns auch, wenn seine Bewegung uns erfasst, bis wir mit ihr im Einklang sind.

Der Großmütige lässt das Vergangene vorbei sein, ohne sich bei ihm aufzuhalten. Das Große schaut nach vorn, mutig nach vorn, denn alles Große liegt für uns vorn.

Der Großmut kommt aus der Einsicht, dass nur das Große sich lohnt, vor allem die große Liebe. Großzügig heißt auch großherzig. Die großherzige Liebe lässt das Frühere vorbei sein. Sie liebt nach vorn, auf Zukunft hin, großmütig.

Der Großmütige bleibt gesammelt, auf das Viele und Weite nach vorn hin gesammelt. Weil er im Einklang mit der Bewegung nach vorn sich ihr jederzeit fügt, wird er von ihr auch getragen, weit getragen.

Das Herz des Großmütigen schlägt ruhig, großherzig ruhig.

Einfach

Im Einfachen ist vieles zugleich gegenwärtig. Von daher hat das Einfache eine besondere Dichte. Zum Beispiel das einfache Leben, die einfache Liebe, der einfache klare Gedanke.

In diesem Sinne sind auch die Bewegungen des Geistes einfach. Sie bewegen sich in eine eindeutige Richtung, auf ein einfaches Ziel. Wenn wir mit diesen Bewegungen in Einklang kommen, bewegen auch wir uns einfach, ohne viel Aufhebens, ohne Rückschau, dorthin, wohin sie uns führen.

An diesem Ziel ist ebenfalls vieles zugleich gegenwärtig,

zum Beispiel in der einfachen Liebe, die allem zustimmt, wie es ist. Weil sie allem zustimmt, ist sie einfach. Sie wird durch nichts aufgehalten.

Wer von dieser Liebe abweicht, verliert den einfachen Bezug. Statt dass er alles zusammen sieht, es einfach zusammen sieht, setzt er das eine in Gegensatz zu etwas anderem. Er verliert den Überblick und stellt sich dem, was zusammenwill, in den Weg.

In der Liebe findet das, was zusammenwill, von selbst zueinander, einfach indem es sich bewegt, wie der Geist es bewegt.

Im Einklang mit den Bewegungen des Geistes werden auch wir einfach, schauen einfach nach vorn, zugewandt, wohlwollend und klar. Wir werden im Einklang mit diesen Bewegungen einfach glücklich, weil mit dem Wesentlichen eins.

Das Schöpferische

Das Schöpferische ist eine Bewegung, die etwas Neues hervorbringt. Zum Beispiel schöpferische Gedanken und Einsichten und die mit ihnen einhergehenden schöpferischen Impulse und ihr schöpferisches Ergebnis.

Die große Kunst ist schöpferisch und die große Philosophie. Auch das Handwerk ist schöpferisch und der Umgang mit den Kräften der Natur, wie zum Beispiel beim Ackerbau und in der Heilkunde auf allen ihren Ebenen.

Das Schöpferische kommt aus dem Geist, aus einem geistigen Bewusstsein. Im Geist nimmt das Schöpferische seinen Anfang. Wo immer Menschen sich schöpferisch erfahren, erfahren sie sich von einer geistigen Kraft inspiriert.

Schon das Wort Inspiration macht deutlich, dass wir hier eine geistige Kraft am Werk sehen.

Oft sprechen wir vom Schöpferischen nur mit Bezug auf etwas Großes, in dem es sich besonders eindrucksvoll offenbart. Doch wir können keinen Tag überleben, ohne ununterbrochen etwas schöpferisch zu denken und zu tun, für das es noch keine Erfahrung gibt, die uns die schöpferische Entscheidung abnehmen könnte.

Jedes Gehen mit der Bewegung des Geistes ist neu und einzigartig. Mit ihr in Einklang zu kommen, erfahren wir als schöpferische Leistung. Wie alle schöpferischen Leistungen kommt auch sie durch einen Einfluss von außen zustande, durch eine geistige Bewegung, die der schöpferischen Einsicht und dem schöpferischen Tun vorausgeht und uns in sie mitnimmt.

Sind wir uns dieser ununterbrochenen schöpferischen Inspiration auch bewusst? Oder nehmen wir sie für uns in Anspruch, als käme sie aus uns? Dann erfahren wir uns von ihr manchmal schmerzlich verlassen.

Umgekehrt, wenn wir mit dieser Inspiration in Einklang kommen, indem wir rechtzeitig innehalten, bis wir sie klar als von diesem geistigen Bewusstsein kommend erfassen und ihr folgen, wie sie uns führt, nimmt sie uns auch in unserem Alltag schöpferisch in ihren Dienst. Manchmal nimmt sie uns auch hart in den Dienst, ohne Umwege und Auswege.

In diesem umfassenden Einklang mit der schöpferischen Bewegung erfahren wir uns in allem, was wir tun, als geistig. Wir erfahren uns geistig schöpferisch und schöpferisch geistig, vor allem in der Liebe. Denn das Schöpferische dieses Geistes verbindet uns mit immer mehr. Das eigentliche Schöpferische, die inspirierende Kraft hinter allem Schöpferischen, ist die Liebe des Geistes. Über seine Liebe und mit ihr im Einklang ist es auch unsere Liebe.

Diese Liebe ist eine reine Liebe, rein wie dieser Geist. Sie ist allem rein zugewandt, wie es ist und wie es sich geistig vollendet.

Die Schuld

Die Schuld erfahren wir vor allem, wenn durch unser Verhalten ein Schaden entstanden ist. Wenn mehrere an dem Schaden beteiligt waren, suchen wir manchmal nach einem, dem wir besonders die Schuld geben und anlasten können. An etwas selbst schuld zu sein, können wir schwer ertragen. Am liebsten würden wir die Schuld anderen zuschieben, um der Verantwortung für den entstandenen Schaden zu entgehen.

Wenn wir uns auf diese Weise schuldig fühlen, verhalten wir uns manchmal, als hätte es auch anders sein können, als hätten wir es in der Hand gehabt, es anders zu wenden.

Wir erfahren die Schuld besonders, wenn eine wichtige Beziehung zu Ende geht und uns ihr Ende wehtut. Wenn wir jemandem die Schuld für ihr Scheitern geben können, entweder uns oder dem anderen, fühlen wir uns leichter. Auch hier haben wir die Vorstellung, wir oder der andere hätten es in der Hand gehabt, ihr Scheitern abzuwenden.

Wenn wir aber anerkennen und zustimmen, dass wir in allem, was wir tun, und in allem, was uns begegnet, von einer anderen Kraft bewegt werden, die alles bewegt, wie es sich bewegt, hören wir auf, nach einem Schuldigen zu suchen.

Das fällt uns schwer. Dennoch sehen wir, dass es, wenn etwas uns und anderen zum Schaden gereicht, Zusammenhänge gibt, die uns, wenn wir sie beachten, helfen, wie wir einen solchen Schaden und solches Leid später vermeiden können. Dann haben uns dieser Schaden und dieses Leid zur Besinnung gebracht. Wir haben etwas gelernt, was uns ohne diesen Schaden und ohne dieses Leid verborgen geblieben wäre. Der Schaden und die Schuld haben uns und anderen für später Heil gebracht.

Wie also gehen wir mit solchen Situationen in Zukunft um? Wir fragen, was war schuld, und nicht mehr länger, wer war schuld.

Wir können uns das mit Bezug auf etwas Nahes fragen und nehmen uns zum Beispiel vor: »Das nächste Mal drehe ich den Wasserhahn rechtzeitig zu.«

Wir können es uns auch mit Bezug auf etwas Geistiges fragen. Zum Beispiel: »War ich im Einklang mit den Bewegungen des Geistes, oder habe ich mich von ihnen selbstständig gemacht?« Dann kommen wir durch den Schaden und das Leid zu einer geistigen Besinnung, zu einer inneren Umkehr. Dann werden die Schuld und ihre Folgen für uns und andere zum Segen.

Was führt zum größten Schaden? Was ist an ihm zutiefst schuld? Wo werden wir persönlich schuldig, ohne dass wir es am Anfang als für uns vermeidbar erkennen? Wenn wir die Liebe des Geistes nicht haben.

Wie zeigt sich diese Liebe? In der Zuwendung zu allem, wie es ist, am Ende auch in der Zuwendung zu unserer Schuld.

Getragen

Getragen werden wir von jemandem, der stärker ist. Er trägt uns, wo unsere Kräfte nicht ausreichen. So haben uns zum Beispiel unsere Eltern als Kinder getragen. Wir werden aber auch von anderen starken Kräften dorthin getragen, wohin wir aus eigener Kraft nie gekommen wären.

Die wirklich tragenden Kräfte sind geistige Kräfte, unabhängig von der Art und Weise, wie sie uns erfassen. So haben unsere Einsichten oft eine weit tragende Kraft, aber auch Gefühle, wie zum Beispiel die Liebe.

Die am stärksten tragenden geistigen Kräfte sind sanft. Wir erfahren sie auf diese Weise im Einklang mit den Bewegungen des Geistes, im Einklang mit seiner Zuwendung zu allem, wie es ist. Von ihnen getragen, werden auch wir sanft, weil wir dem, was ist, keinen Widerstand leisten.

Vor allem aber tragen uns die Bewegungen des Geistes über uns hinaus auf eine geistige Ebene, zu der wir von uns aus keinen Zugang finden. Sie bringen uns in Einklang mit einem anderen Bewusstsein. Dieses Bewusstsein erfahren wir als uns in jeder Hinsicht zugewandt. Im Einklang mit diesem Bewusstsein verstehen wir tief, wie wir in jeder Hinsicht von ihm geführt und getragen werden, wenn wir uns nur seiner Führung überlassen, uns ihr ganz überlassen. Das heißt, dass wir vor jeder entscheidenden Bewegung und vor jedem entscheidenden Schritt innehalten, bis wir innerlich unmittelbar erfahren, dass wir getragen werden und wohin.

Dieses Bewusstsein lässt sich auch befragen. Es antwortet uns, wenn wir bereit sind, seiner Antwort und seinem Hinweis auch zu folgen, was immer sie uns vorschlagen und sagen.

Nach einer Weile wird dieser Austausch von Frage und Antwort zur Gewohnheit. Er trägt uns immer.

Gebremst

Gebremst werden wir, wenn wir über unser Ziel hinausge-
schossen sind, weil wir zu schnell unterwegs waren. Abge-
sehen vom Schaden, den wir davontragen, müssen wir uns
auch neu orientieren. Vielleicht müssen wir erst einmal
umkehren und die Richtung wechseln.

Auch von den Bewegungen des Geistes werden wir
manchmal gebremst. Vor allem, wenn wir versucht haben, sie
zu umgehen, und wir den Einklang mit ihnen verloren haben.

Die Bewegungen des Geistes verlieren den Einklang mit
uns nie. Nur erfahren wir sie dann anders, manchmal auch
heftig. Zum Beispiel, wenn sie uns ruckartig bremsen.

Im Einklang mit den Bewegungen des Geistes bewegen
wir uns sacht, ohne anzustoßen. Wenn wir dennoch irgend-
wo anstoßen, dann nur als Unterstützung für eine Bewegung
nach vorn, in eine neue Richtung. Dieser Anstoß ist so sacht,
dass niemand bremsen muss.

Manchmal sind wir es, die eine Bewegung des Geistes zu
bremsen versuchen, vor allem, wenn seine Bewegung uns
Angst macht. Dann haben wir zum Beispiel Angst, den Bo-
den zu verlieren und zu etwas mitgenommen zu werden, wo
wir uns nur auf ihn verlassen können. Doch dem Geist gegenüber hilft uns kein Bremsen, vor allem, weil seine Bewegung
eine Bewegung der Liebe ist, einer kraftvollen Liebe.

Uns den Bewegungen des Geistes ungebremst anzuver-
trauen, bringt uns zur Ruhe. Je weiter sie uns mitnehmen,
desto gelassener und sicherer erfahren wir uns. Was ist
ruhiger und sanfter, als uns einzuschwingen in seine Bewegung der Liebe für alles, wie es ist? Was ist ruhiger und
sanfter, als von ihm mitgenommen zu werden in eine
Bewegung in sein Bewusstsein und seine wissende Liebe –
ungebremst?

Übergänge

Vorbemerkung

Auf dem mystischen Weg überschreiten wir auf vielerlei Weise die Grenzen zwischen unserer physischen Welt und der ihr vorgeordneten geistigen Welt. Dabei erleben wir uns beim Übergang vom einen in den anderen Bereich sowohl dem physischen als auch dem geistigen Bereich zugeordnet und in beiden beheimatet.

Diese Übergänge nehmen uns Schritt für Schritt mit auf den Einigungsweg. Nach dem Reinigungs- und dem Erleuchtungsweg vollendet er den Aufstieg in jenen Bereich, in dem wir uns immer umfassender eins mit der Liebe des Geistes erfahren.

Das Gute

Gut ist, was vollendet ist. Es ist vorbei und abgeschlossen. Wir sagen dann: »Jetzt ist es gut.«

Noch etwas ist gut. Gut ist alles, was dem Leben und der Liebe dient. Manches steht der Liebe und dem Leben auch entgegen. Zum Beispiel eine Krankheit und eine Schuld. Wenn sie an ein Ende gekommen sind, sagen wir: »Gut, dass es vorbei ist.« Es ist gut, weil jetzt etwas Neues beginnen kann. In diesem Sinne ist alles gut, was vorbei ist, was immer es war. Hier steht das Gute am Beginn eines Weges als Ziel, auf das wir uns hinbewegen.

Ist auch ein Mensch gut? Was macht uns gut, und wie werden wir gut? Gut macht uns die Liebe, die aus dem Wohlwollen kommt, denn diese Liebe will Gutes, und sie macht auch gut. Sie macht uns gut und andere gut.

Das Böse

Das Gute erkennen wir nur, wenn wir auch sein Gegenteil erfahren und kennen, bei uns und bei anderen. Das Gegenteil des Guten ist das Böse. Das Böse treibt uns an, besser zu werden und etwas Böses zum Guten zu wenden. In diesem Sinne steht das Böse im Dienst des Guten. Das Böse verbietet uns, beim erreichten Guten stehen zu bleiben. Es fordert uns zum nächsten Guten heraus. Das Böse begleitet das Gute, wie immer und wie weit es auf seinem Weg schon vorangekommen ist.

Wenn das Böse aufhört, hört auch das Gute auf. Es schadet dem Guten keineswegs, wenn wir neben ihm und hinter ihm auch das Böse anerkennen und wahrnehmen. Viele Menschen suchen beim Guten nach dem Bösen und wollen es bei guten Menschen und einer guten Sache ans Licht bringen. Sie erscheinen dann den Guten als böswillig, was sie von ihrer Gesinnung her manchmal auch sind. Aber schaden sie damit einem guten Menschen und einer guten Sache? Oder weisen sie nur darauf hin, was einem guten Menschen und einer guten Sache noch fehlt? Sie stehen durch ihr vordergründig als böse wahrgenommenes Verhalten im Dienst des Guten. Vor allem erlauben sie uns, jedes Gute als unvollkommen und daher menschlich zu sehen.

Umgekehrt, wenn auch die Guten die Bösen als unvollkommen ansehen, wie sehen sie die Bösen dann? Ebenfalls menschlich. Wie menschlich? Ihnen als Menschen ebenbürtig und gleich.

Können wir wählen, nur gut zu sein oder böse? Sehen nicht auch die Bösen die Guten ihnen gegenüber als böse an, als ihnen im Weg stehend und feindlich? Spielen die Guten für die Bösen nicht die gleiche Rolle wie für sie die Bösen? Was ist dann gut oder böse? Können wir es noch unterscheiden?

Wenn wir uns einschwingen in die Bewegungen des Geistes und ihnen folgen, sind wir für einige gut und für andere böse, je nachdem, mit wem oder was uns die Bewegung des Geistes verbindet.

Was bewirkt der Einklang mit den Bewegungen des Geistes in uns? Wir bleiben im Guten wie im Bösen gelassen. Wir wissen uns unvollkommen und bleiben daher, weil wir fortlaufend zu neuem und anderem Guten gezwungen sind, immerzu schöpferisch, schöpferisch wie der Geist, der uns bewegt. Wie bewegt? Unvollkommen.

Die Nacht

Wir sprechen von der Helle des Bewusstseins, denn was uns bewusst wird, scheint uns hell.

Woher kommt dieses Bewusstsein? Ist auch seine Herkunft für uns hell? Oder bleibt sie für uns dunkel und schwarz wie die Nacht? Unser Bewusstsein kommt zu uns aus der Nacht. Deswegen ist es für uns nur teilweise licht. Was immer wir erkennen, es grenzt an die Nacht des Nichtwissens. Gerade das Wesentliche an unserem Wissen verbirgt sich für uns im Dunkel der Nacht.

Wohin zieht es uns also, wenn wir die für uns wesentliche Einsicht suchen? Zieht es uns in die Helle? Zieht es uns in das Dunkel? Finden wir es in der Helle des Tages, als würde es durch das Licht des Tages noch heller werden? Oder finden wir es in der Nacht, der dunklen Nacht?

Wohin geht also unser Erkenntnisweg? Er geht in die Nacht und durch die Nacht.

Was ist das für eine Nacht? Sie ist die Nacht des Geistes, die Nacht unseres Geistes.

Was heißt das für uns? Wir lassen es Nacht werden für unseren Geist. Wir ziehen uns zurück aus unserem bisherigen Wissen, aus unserer bisherigen Erfahrung, aus unseren bisherigen Einsichten und treten ein in die Nacht des Geistes.

Allein gelassen, verirren wir uns in dieser Nacht. Wenn sie über uns hereinfällt und es um uns auf eine Weise dunkel wird, dass wir nicht mehr ein und aus wissen und dennoch in ihr ausharren und warten, erfahren wir uns auf einmal an der Hand genommen und geführt. Doch immer nur Schritt für Schritt.

Jeder Schritt ist eine neue Einsicht und eine neue Erfahrung, uns in dieser Nacht geschenkt. Wozu geschenkt? Für den nächsten Schritt. In dieser Nacht erfahren wir uns am tiefsten mit den Bewegungen des Geistes eins. Hier hören das eigene Wollen und das eigene Denken auf. Oder, genauer gesagt, die Sicherheit des eigenen Denkens. Der Geist denkt hier durch uns und wirkt durch uns.

Brauchen wir dann noch das Licht? Kann etwas heller sein als diese Nacht?

Dazu noch eine Geschichte.

Der Weg

Zum alten Vater fand der Sohn und bat:
»Vater segne mich, bevor du gehst!«
Der Vater sprach: »Mein Segen sei,
dass ich dich auf dem Weg des Wissens
zu Beginn ein Stück begleite.«

Am nächsten Morgen traten sie ins Freie,
und aus der Enge ihres Tales
stiegen sie auf einen Berg.
Der Tag ging schon gekrümmt, als sie zur Höhe kamen,
doch nun lag das Land nach allen Seiten
bis an den Horizont
im Licht.

Die Sonne sank,
und mit ihr sank die pralle Pracht:
es wurde Nacht.
Doch als es dunkel war,
leuchteten die Sterne.

Grenzen

Grenzen schaffen Ordnung. Die Unordnung entsteht durch Grenzüberschreitungen. Alles, was sich entgegensteht, setzt sich gleichzeitig Grenzen. Daher schlägt alles, was zu weit geht, nach einiger Zeit in sein Gegenteil um.

Wenn das Gute zu weit geht, wenn es also seine Grenzen überschreitet, dient es seinem Gegenteil. Es fordert sein Gegenteil heraus. Deshalb atmen wir auf, wenn auch das Gute an eine Grenze kommt und nicht mehr durchgehalten werden kann.

Was sich entgegensteht, bestärkt sich auch. Durch den Gegensatz sichert es sich den ihm zukommenden Platz. Grenzüberschreitungen verlangen daher nach einiger Zeit eine Gegenreaktion. Sie führen der anderen Seite jene Kraft und Energie zu, die sie braucht, um das zu tun, was die Gegenseite zwingt, sich auf ihre Grenzen zurückzuziehen.

So setzt zum Beispiel der Mann der Frau eine Grenze und die Frau dem Mann. Weil sie sich diese Grenzen setzen, müssen sie sich gegen den anderen behaupten. Sie werden dadurch mehr Mann und mehr Frau. Wenn sie innerhalb ihrer Grenzen bleiben und sich innerhalb ihrer Grenzen entfalten, bereichern sie sich gegenseitig auch.

Wenn auf der anderen Seite die, die sich entgegenstehen, gegenseitig in Ruhe lassen, weil sie ihre Grenzen als gegeben achten, ohne den Wunsch, sie aufzuheben, geben beide auch nach. Sie verunsichern und bedrohen sich immer weniger, sodass sie, während sie ihre Unterschiede anerkennen und dulden, vieles gemeinsam unternehmen, ohne ihre Grenzen zu verwischen.

Körper und Geist

Wie ist es mit dem Gegensatz von Körper und Geist? Gibt es auch dort diese Grenzen? Wie verlaufen hier die Grenzen? Oder ist diese Grenze nur gedacht?

Wenn wir mit unserem Körper Erfahrungen machen, wer macht diese Erfahrungen? Macht sie der Körper? Macht sie der Geist? Wenn ein Tier oder eine Pflanze Erfahrungen machen, macht sie das einzelne Tier oder die einzelne Pflanze? Oder macht zugleich ihre Gattung diese Erfahrungen und richtet sich nach ihnen, sodass die, die zu ihr gehören, lernen, mit den neuen Gefahren und Widerständen anders umzugehen und sich ihnen anzupassen? Wo aber ist die Gattung, die solche Erfahrungen machen kann? Ist sie nicht etwas Geistiges? Ist es nicht ein Bewusstsein dieser Gattung, das alle, die zu ihr gehören, gemeinsam weiterbringt?

Wozu diese geistigen Erfahrungen, diese Erfahrungen des Geistes? Braucht sie der Geist? Will sie der Geist? Wozu will er sie? Verkörpert sich der Geist, um über das Physische und über die Vielfalt der lebendigen Erfahrungen sein Bewusstsein zu erweitern? Steht das Physische, hier in einem umfassenden Sinn verstanden, das auch das Anorganische mit einbezieht, und steht das Lebendige in allen seinen Daseinsformen außerhalb des Geistigen oder ihm sogar entgegen? Sind nicht auch sie Geist, Geist in Entwicklung?

Der Tod

Was geschieht mit unserem Körper, wenn er nach seinem Tod zerfällt? Ist er dann vom Geist getrennt? Selbst im Leib, der zu Staub zerfällt, bleibt die Verbindung zum Geist erhalten, sogar zu der konkreten Person, der er gehört hat. Zum

Beispiel durch eine Vielzahl von Informationen, die von ihr im Staub noch nachzuweisen sind. Wäre der Staub vom Geist getrennt, müssten diese Informationen verschwunden sein. Diese Informationen sind geistige Informationen. Sie verbinden den Staub weiterhin mit dem Geist, der in dieser Person gegenwärtig war und es nach ihrem Tod noch bleibt.

Wenn ich diese Gedanken weiterverfolge, dann bleiben umgekehrt die Erfahrungen des Körpers, den diese Person mit ihm gemacht hat, alle im Bewusstsein dieses Geistes unvermindert erhalten. Diese Erfahrungen begleiten uns also nach unserem Tod, so wie sie waren. Vielleicht gehen sie nach unserem Tod sogar noch weiter, auf eine Vollendung hin, die ihnen hier noch nicht möglich war.

Das Ich

Hier stellt sich die Frage: Was ist das für ein Geist, der diese Erfahrungen will und braucht?

Der ewige Geist braucht sie nicht, denn das, was er denkt, hat er auch. Diese Erfahrungen waren alle schon vorher von ihm gedacht, sonst hätten wir sie nicht machen können.

Es muss also unser Ich sein, das nach unserem Tod diese Erfahrungen in die geistige Dimension mitnimmt und an ihr Ziel bringt.

Ist dieses Ich unser persönliches Ich, jenes Ich, das wir hier als uns zugehörig erfahren haben und das uns scheinbar von jedem anderen Ich abgegrenzt hat? Oder gibt es in diesem geistigen Bereich ein übergeordnetes, ein gemeinsames Ich? Zum Beispiel ein gemeinsames Ich von uns und unseren Ahnen? Vielleicht auch ein gemeinsames Ich von uns, wie wir es in diesem Leben erfahren haben, mit verschiedenen Ichs, die wir in früheren Leben hatten? Tauschen diese Ichs ihre Erfahrungen aus und wachsen an ihnen?

Brauchen sie diese Erfahrungen zu ihrer gemeinsamen Vollendung?

Wir wissen es nicht. Wir können es nicht wissen. Wir wissen auch nicht, inwieweit diese Überlegungen vernünftig und statthaft sind. Deswegen könnten wir sie genauso gut beiseitelassen.

Wirklich? Oder bewirken sie etwas in uns, das uns anders leben lässt? Intensiver vielleicht, auch demütiger, auch zuversichtlicher, zugewandter und freier? Wir werden durch sie offen für Ungeahntes und sind anders geistig da. Geistig in unserem Körper, geistig in Verbindung mit allem, was uns mit der physischen und der lebendigen Welt verbindet. Geistig schon jetzt weit über unseren Körper und über die physische Welt hinaus. Wie? Ohne Grenzen.

Jenseits

Jenseits ist für uns etwas, das jenseits einer Grenze liegt, über die wir erst hinausmüssen, um drüben anzukommen.

Vieles bleibt auch jenseits unseres Begreifens und von dem, was wir wissen können. Zum Beispiel unsere Zukunft. Wir ahnen vielleicht, was auf uns zukommt, bereiten uns auch darauf vor, aber voraussehen können wir es nicht. Denn oft kommt etwas Unvorhergesehenes dazwischen. Zum Beispiel der Tod.

Dennoch ist das, was jenseits ist, gleichzeitig da, auch wenn wir es nicht wissen. Wir stellen uns auf es ein, werden zu ihm vom Hiesigen und vom Diesseitigen weggezogen. Weil das Jenseitige, obwohl es jenseits ist, im Diesseitigen wirkt und auch von ihm wegzieht, ist es im Diesseitigen für uns gegenwärtig und da.

Das Jenseitige ist also beides: jenseits und diesseits. Oft ist es nur eine Frage der Aufmerksamkeit, ob wir es im Diesseitigen wahrnehmen oder ob wir es von ihm ausschließen, wenn wir es nicht wahrhaben wollen. Dennoch, das Jenseitige zieht uns an. Wir ahnen, dass es nicht nur geheimnisvoll ist, sondern auch groß. Wir ahnen, dass es uns etwas verspricht und bringt. Manchmal ist es etwas, dem wir uns noch nicht gewachsen fühlen und für das wir noch nicht bereit und zu dem wir noch nicht fähig sind.

Für uns ist vor allem das Geistige weit gehend jenseits. Das Geistige vor allem zieht uns vom Nahen weg in seinen Bann. Doch auch im Geistigen, in der Bewegung des Geistes, gibt es ein Nahes und etwas jenseits des Nahen und des Unmittelbaren. Sobald wir dieses Nahe fassen wollen, zum Beispiel in einer Einsicht, werden wir, so wichtig und kostbar es für uns auch war, über es hinausgeführt auf etwas jenseits von ihm – und das ohne Ende.

Nichts von dem, was wir als geistig erfahren und was uns von etwas Geistigem auch geschenkt wurde, bleibt, wie es war. Es bleibt in einer Bewegung zu etwas jenseits von ihm. Wie? Endlos.

Der Mut

Mut, der gemäß ist, hält sich an die ihm vorgegebenen Grenzen. Zugleich geht er über seine früheren Grenzen hinaus. Er wagt sich in unbekanntes Gelände vor und erobert neue Bereiche.

Hier geht es vor allem um den Mut im Bereich des Geistes. Statt in diesem Bereich vorzupreschen, hält sich der Mut lange zurück. Von sich aus wäre er hier verloren. Er wartet, bis er von außen von einer größeren Bewegung erfasst wird. Sie gibt ihm vor, was er beginnen muss und wie weit er gehen darf und gehen muss, um im Einklang mit dieser Bewegung zu bleiben. Dann bewirkt er mutig, was sie ihm vorgibt.

Der innere Mut

Wozu braucht es diesen Mut vor allem? Im Angesicht der inneren Grenzen, die den Bewegungen des Geistes von alten Vorstellungen und Ängsten gesetzt werden, die ihnen von Hoffnungen auf ein gutes Ende gesetzt werden, obwohl diese sich längst als hohl und leer erwiesen haben? Diese Vorstellungen, Ängste und Hoffnungen sind die erste Hürde, die unser Mut im Einklang mit den Bewegungen des Geistes überwinden muss.

Diese Vorstellungen, Ängste und Hoffungen sind nicht so sehr persönlich, als wären sie aus uns gekommen, aus unserem Denken und unserer Erfahrung. Sie kommen von den Gemeinschaften und Gruppen, mit denen wir uns verbunden fühlen, oft auf Gedeih und Verderb, und sie haben oft eine lange und über weite Strecken hin verdienstvolle Tradition.

Es sind dies vor allem unsere Vorstellungen über Gott. Ihre Überwindung verlangt den äußersten Mut. Auch Vorstellungen und Annahmen, die Gott zwar nicht nennen, uns aber mit einem ähnlichen Anspruch drohen.

Hierher gehört zum Beispiel die Vorstellung von einem gerechten Gott und, in ihrer abgewandelten Form, die Forderung nach einer gerechten Gesellschaft. Gemäß diesen Vorstellungen verdienen nur einige, geliebt zu werden. Es sind die Guten, sie werden belohnt. Die anderen sind die Bösen und werden bestraft.

Hierher gehört auch die Vorstellung, dass wir gegen die Gesetze Gottes verstoßen und ihn beleidigen können. Zum Beispiel durch die Sünde.

Durch solche Vorstellungen bauen wir eine Gegenwelt zu Gott und zu diesem Geist auf, als könnte sich etwas außerhalb von ihm und gegen ihn bewegen.

Es verlangt großen Mut, uns von diesen Vorstellungen und Ängsten und Hoffnungen zu lösen, zumal wir viele von ihnen unter dem Druck dieser Gemeinschaften und Gruppen von Kindheit an verinnerlicht haben.

Der Mut des Geistes

Wie gehen wir mit diesen Vorstellungen und diesen inneren Bildern mutig um? Haben wir dazu von uns aus die notwendige Kraft?

Wir überlassen uns den Bewegungen des Geistes. Von ihnen geführt, begreifen wir das Widersinnige dieser Vorstellungen und Ängste. Wir lernen, uns von ihnen abzuwenden und sie hinter uns zu lassen, doch ohne die Sicherheit, zu wissen, wohin diese Bewegungen uns führen. Hier brauchen wir den Mut des Geistes, einen Mut, der nur von ihm kommen kann, den Mut, die Welt auf eine andere Weise zu sehen und dementsprechend zu handeln. Zum Beispiel den Mut, alles, was ist, von einem ewigen Geist gedacht zu denken, so gedacht, wie es ist, und daher von diesem Geist bewegt, wie es sich bewegt. Vor allem aber den Mut, uns im Einklang mit den Bewegungen des Geistes mit der gleichen Liebe allem zuzuwenden, mit der dieser Geist sich allem zuwendet, das er bewegt.

Der Mut der Liebe

Auf der einen Seite ist das noch ein innerer Vorgang, ein Vollzug mit innerem Mut. Das mutige Mitgehen mit den Bewegungen des Geistes in unserer Seele und in unserem Geist kann aber auf Dauer nicht verborgen bleiben. Wir müssen im Einklang mit den Bewegungen des Geistes auch handeln, mutig handeln.

Dieses Handeln bewirkt etwas, das uns und anderen sowohl etwas bringt als auch Angst macht. Dann wehren sich manche gegen das, was unser Handeln ihnen abverlangt, und leisten ihm Widerstand.

Wie gehen wir damit um? Im Einklang mit den Bewegungen des Geistes wissen wir, wie weit wir mit unserem Mut gehen dürfen, damit wir auch hier in der Liebe bleiben. Daher erweist sich unser Mut am Ende als Mut der Liebe, als Mut zur geistigen Liebe, ohne zurückzuweichen. Im Einklang mit der Liebe des Geistes machen wir mutig weiter. Dieser Mut ist sich der Liebe und ihrer Wirkung gewiss. Er kann, wo es notwendig wird, lange warten.

Die Hingabe

Die Bewegungen des Geistes gehen noch in eine andere Richtung. Statt nach innen in unsere Seele und in unseren Geist und statt zum Handeln gehen sie über unseren Körper, unsere Seele und unseren Geist hinaus. Dann bewegt uns dieser Geist nicht nur. Er zieht uns über uns selbst hinaus. Haben wir den Mut, uns so ziehen zu lassen? Müssen wir dabei fürchten, nicht mehr zurückzukehren? Hier braucht es den letzten Mut, den Mut zur Hingabe, selbst über dieses Leben hinaus.

Doch nur am Anfang. Diese Hingabe erfahren wir als

Glückseligkeit, als vollendetes Glück, als vollendete Liebe, als immer während Andacht, als unser vollendetes Dasein.

Hier hört unser Mut auf. Hier hat er sich erfüllt.

Gemeinsam

Alles ist gemeinsam, nichts ist einzeln. Einzeln kann es nur mit anderem zusammen sein. Daher sucht das Einzelne, vor allem alles lebendige Einzelne, die Verbindung zu den anderen. Es besteht mit ihnen gemeinsam.

Auch der Geist ist gemeinsam. Den Geist sich einzeln vorzustellen, gelingt uns nicht, selbst wenn wir es wollen. Vielleicht ist deshalb alles nicht einzeln, weil der Geist nicht einzeln sein kann.

Was geschieht, wenn wir etwas als einzeln behandeln? Zum Beispiel wenn wir es zu unserem Besitz erklären, als gehörte es uns einzeln? Wenn wir über es verfügen, als könnten wir andere, die auch mit ihm verbunden sind, ausschließen und sie behandeln, als hätten sie keinen Anteil an ihm?

Solcher Besitz schließt uns nach einer Weile aus. Spätestens, wenn wir sterben, oft aber schon vorher. Er will bei uns nur gemeinsam mit anderen bleiben. Wenn er das von uns aus darf, dürfen auch wir bei ihm bleiben, selbst über unseren Tod hinaus.

Der Geist kann schon deshalb nicht einzeln sein, weil er keine Grenze hat. Er ist in allem da, denn es ist nur da, weil er es denkt. Daher ist er immer gemeinsam da.

Das heißt, dass auch wir mit allem gemeinsam da sind, ja, dass wir mit ihm im Geist schon immer da waren und dass wir weiterhin, selbst nach unserem Tod, gemeinsam mit allem da sein werden.

Je geistiger wir uns erfahren, desto gemeinsamer erfahren wir uns. Umgekehrt, je gemeinsamer wir uns erfahren, desto geistiger erfahren wir uns.

Wie erfahren wir uns am umfassendsten gemeinsam? In der Liebe, die allem gleichermaßen zugewandt ist. Diese umfassende Liebe ist eine geistige Liebe. Nur als eine umfassende Liebe ist sie auch geistig, die Liebe des Geistes. Sie ist auch auf die Weise umfassend, als wir alles im Einklang mit der Liebe des Geistes lieben – mit ihm gemeinsam.

Vorläufig

Vorläufig ist, was dem vorausgeht, was ihm folgt. Das Vorläufige wird durch das Spätere abgelöst. Auch das Vorläufige hat etwas abgelöst, dem es folgen musste. In diesem Sinne ist alles vorläufig. Alles muss etwas Späterem weichen, dem es vorausgeht.

Jede Zeit ist notgedrungen vorläufig, einfach dadurch, dass sie weitergeht. Alles in der Zeit ist vorläufig. Sie setzt sich aus lauter Vorläufigem zusammen. Nur weil alles vorläufig ist, geht die Zeit weiter.

Es macht also einen Unterschied, ob wir etwas festhalten und aufhalten wollen, als sei es nicht in jeder Hinsicht vorläufig, oder ob wir es als vorläufig und vorübergehend anerkennen. Von daher lassen wir es auch vorbei sein, wenn die Zeit abgelaufen ist.

Ist auch das Dasein vorläufig? Kann es vorläufig sein? Kann der alles denkende Geist etwas vorläufig denken, sodass es vorbei ist, wenn er das Nächste denkt? Kann etwas dem Denken dieses Geistes entgehen oder in ihm vergehen, als sei es vorläufig? Oder ist alles Vorläufige in ihm weiterhin gegenwärtig als Teil einer Bewegung, in der alles Vorläufige im Nächsten weitergeht? Bleibt das Vorläufige in dieser Bewegung weiterhin gegenwärtig, ganz gegenwärtig?

Wie geht dann das Vorläufige weiter? Wie bleibt es weiterhin da? Dadurch, dass es weitergeht. Es bleibt im Nächsten, das kommt, ebenso da wie das, was ihm vorläufig war.

Verlieren wir etwas, wenn es für uns vorläufig sein darf? Weil es vorläufig ist, geht es weiter – und wir mit ihm.

Jetzt

Alles, was ist, ist jetzt, nur jetzt. Alles, was kommt, ist, insoweit es kommt, schon jetzt. Alles, was war, ist, weil es war, noch jetzt da. Allerdings vergangen, nur als Vergangenes ist es jetzt noch da.

Der Geist ist immer jetzt. Er kann weder vergangen sein, noch kann er kommen. In ihm ist alles Vergangene jetzt.

Was ist mit dem, was erst kommt? Es ist für uns als Möglichkeit da, als Möglichkeit für uns. Doch für den Geist ist es jetzt schon da, weil er es jetzt schon denkt.

Gibt es für den Geist keine Entwicklung? Ich stelle mir vor, er denkt das Kommende voraus, und er denkt es da. Wenn er es vorausdenkt, denkt er es als eine Möglichkeit. Wenn er es jetzt denkt, als jetzt denkt, ist es jetzt da.

Wie ist es mit dem Vergangenen? Dieser Geist hat es gedacht, und er denkt es jetzt. Daher ist das Vergangene für ihn immer auch jetzt da, jetzt, wie es vergangen ist und als Vergangenes noch wirkt.

Was ist für uns vergangen? Was ist für uns jetzt? Was ist für uns das, was einmal kommt?

Wenn wir in den Einklang mit den Bewegungen des Geistes kommen, ist für uns alles jetzt. Nur jetzt sind wir mit ihm im Einklang. Nur jetzt sind wir in ihm auch mit dem Vergangenen verbunden. Doch nicht so, als sei es vergangen, sondern so, wie es jetzt noch da ist und wirkt.

Was ist dann mit unserer Zukunft? Im Einklang mit dem Geist bewegen wir uns auf sie zu. Wie? Jetzt, nur jetzt.

Der Aufstieg

Vorbemerkung

Die Betrachtungen dieses Kapitels sind im engeren Sinne mystische Betrachtungen. Das heißt, sie nehmen uns mit in jenen geistigen Bereich, in dem die Gegensätze aufhören. Zum Beispiel die Gegensätze von Gut und Böse und von Gut und Schlecht. Wir haben bisher schon im Einklang mit den Bewegungen des Geistes gelernt, diese Gegensätze als von diesem Geist gewollt anzuerkennen und ihnen mit seiner Liebe zugewandt zu sein. Hier aber werden wir auf diesem Weg so weit in den Einklang mit den Bewegungen des Geistes geführt, dass wir in uns diese Gegensätze als das Gleiche fühlen, dass sie also in unserem Geist eins werden.

Hier hört auch der Gegensatz auf, der im Wort »natürlich« im Titel »Natürliche Mystik« anklingt. Er stand im Dienst der Reinigung und des Wissens. Er steht auch jetzt noch in ihrem Dienst, aber nicht mehr als Gegensatz.

Beim wesentlichen Denken und der wesentlichen Einsicht hört das Eindeutige auf. In diesem Bereich kann jedes Denken nur eine Annäherung sein, ein im Letzten unzulänglicher Versuch. Das heißt: Dieses Denken und diese Einsicht geben uns, wenn sie rein sind, nur die Richtung an. Das Letzte jedoch, wohin sie uns führen, wissen wir nicht. Es bleibt für uns ein Geheimnis.

Die Einladung

Wir werden eingeladen zu einem Fest, zu einer Feier, zu einem Mahl, zu einem gemeinsamen Unternehmen. Die Einladung ergeht, weil jemand etwas vorbereitet hat, an dem wir teilnehmen dürfen, manchmal auch müssen. Daher folgen wir einigen Einladungen gern. Anderen folgen wir eher zögernd und ungern, mehr aus Verpflichtung und Angst als mit Freude.

Manche Einladungen sind eine Ehre. Allerdings müssen wir uns dann entsprechend benehmen. Vielleicht eher zurückhaltend und scheu, weil wir uns gleichzeitig fremd fühlen.

Manchmal werden wir eingeladen, weil jemand etwas erwartet. So gehen viele Einladungen einem Geschäft voraus, oder sie folgen einem Geschäft. Dazu gehören zum Beispiel die so genannten Arbeitsessen.

Manchmal schließen wir uns einem Fest oder einer Feier an, ohne eingeladen zu sein. Zum Beispiel einer Trauerfeier. Wir zeigen damit den anderen unsere Anteilnahme und geben ihnen die Ehre. Allerdings bleiben wir danach nicht lange.

Manche wollen uns durch ihre Einladung eine Freude machen, zum Beispiel, wenn sie uns zu einem Konzert einladen, für das sie die Karten besorgt haben. Solchen Einladungen folgen wir gerne. Sie sind ein Zeichen der Zuneigung und manchmal des Dankes.

Manchmal werden wir für eine Darbietung eingeladen, wenn wir etwas Besonderes anzubieten haben. Solche Einladungen haben auf der einen Seite den Charakter eines Geschäfts – manche Künstler leben ja von solchen Einladungen –, auf der anderen Seite machen wir anderen eine Freude. Nach der Darbietung bleiben wir eher für uns und ziehen uns bald zurück.

Wozu sage ich das alles? Wir erfahren uns auch zum Leben eingeladen und zur Liebe. Von wem eingeladen? Von jenem Geist, der uns als Lebende und Liebende gedacht hat, uns von Ewigkeit her lebend und liebend gedacht.

Folgen wir dieser Einladung? Folgen wir ihr dankbar und mit Liebe? Sind wir uns dieser Einladung bewusst?

Wie erfahren wir diese Einladung an uns? Wir erfahren sie im Einklang mit den Bewegungen des Geistes. Sie dienen unserem Leben und unserer Liebe. Sie dienen dem Leben und der Liebe von allem, was ebenfalls lebt und liebt. Sie dienen dem Leben und der Liebe von allem, was je gelebt und geliebt hat, und von allem, was in der Zukunft leben und lieben wird. Denn für diesen Geist bleibt alles gegenwärtig.

Wenn wir also mit den Bewegungen des Geistes gehen, mit wem sind wir eingeladen und wozu sind wir eingeladen? Wir sind eingeladen zum Leben und zur Liebe mit allem, was je war, und mit allem, was sein wird.

Hier stellt sich die Frage: Leben und lieben wir weiter, auch nach unserem Tod?

Offensichtlich sind wir Geist von diesem Geist. An was können wir das in uns wahrnehmen? Wir erfahren uns geistig sowohl in unserem Körper als auch jenseits von ihm. Wie sonst könnte unser Geist bis zu den fernsten Galaxien wandern? Wie sonst könnte er in die Vergangenheit wandern, auch in die Vergangenheit, längst bevor wir geboren wurden? Wie sonst könnte unser Geist auch in die Zukunft wandern, sie voraussehen und sich auf sie vorbereiten?

Unser Geist kann noch mehr. Wir können durch ihn mit anderen Menschen über weite Entfernungen in Raum und Zeit in Verbindung sein und unmittelbar wissen und fühlen, wie es ihnen geht. Wie wäre so etwas möglich, würden wir nicht jenseits des Physischen an etwas Geistigem teilhaben, das anderen Gesetzen als den physischen folgt?

Das alles ist noch vordergründig. Manchmal erfasst uns eine Bewegung, die uns in einen anderen Bereich hineinzieht, uns in ihn mitnimmt. Sie nimmt uns mit in ein geistiges Bewusstsein und in eine geistige Schau, in der wir uns, obwohl noch mit unserem Körper verbunden, auf eine besondere Weise geistig erfahren, mit etwas Geistigem bleibend vereint.

Wie erfahren wir das in uns? Wir erfahren uns von diesem Geist eingeladen, eingeladen mit Liebe.

Das Geistige

Wenn wir uns einschwingen in die Bewegungen des Geistes und uns von ihnen geführt erfahren: Was ist dieses Geistige? Ist es der Geist, als wäre er etwas Einzelnes? Erfahren wir uns von ihm geführt, als sei er etwas Persönliches, als sei er uns persönlich zugewandt? So erfahren wir es. Wir sprechen dann eher von dem Geist.

Ist es statthaft, sich das Geistige so zu denken? Können wir uns seine Fülle einzeln denken, als stünde hinter ihr etwas Einzelnes oder sogar ein Ich? Selbst wenn es ein Ich wäre, könnten und dürften wir es mit unserem Ich vergleichen? Oder ist dieses Geistige eher die Fülle aller Ichs, das die Erfahrungen aller Ichs in sich zusammenfasst?

Auf der einen Seite können wir uns das Geistige so denken. Wenn es alles denkt, was ist, und wenn es alles, was es denkt, auch werden und da sein lässt, und wenn es alles, was es werden und da sein lässt, auch bewegt, dann bewegt es auch alle Erfahrungen, die von allem, was ist und je war, gemacht werden konnten. Dann hat es diese Erfahrungen, bevor irgendjemand und irgendetwas sie machen konnten.

Was dieses Geistige denkt und durch sein Denken da sein lässt, kann niemals es selbst sein. Dieses Geistige oder dieser Geist kann nicht durch sein Denken entstehen und durch sein Denken da sein. Daher kann dieser Geist oder kann dieses Geistige sich auch nicht selbst denken. Es ist da, weil es denkt, weil es alles denkt. Es ist also in allem da, was es denkt. Was es denkt, kann nicht auf es selbst bezogen sein, als hätte es ein Ich, auf das es dieses Denken bezieht und von dem dieses Denken ausgeht.

Selbstverständlich darf ich hier nicht so tun, als könnte ich diese Bewegungen durchschauen. Mir geht es darum, mein eigenes Denken von Bildern zu reinigen, die nicht wirklich gedacht werden können. Das heißt: Ich halte in meiner geistigen Bewegung inne und setze ihr eine Grenze vor dem, was ihr entzogen bleibt.

Diese Bewegung geht dennoch für mich weiter, wenn ich mich von ihr in etwas Unendliches hineinziehen lasse. Ich bin ihr hingegeben, ohne mir mehr zu denken, als sie mir an Einsicht schenkt. Was für eine Einsicht ist das? Ich erfahre sie immer auf eines bezogen. Sie ist immer die Einsicht, wie es im Augenblick weitergehen kann und muss.

Das geistige Bewusstsein

Die Frage war: Wie sollen wir das, was hinter diesem Denken wirkt, nennen? Nennen wir es: der Geist? Oder nennen wir es eher: das Geistige? Kann ich mich für das eine oder das andere entscheiden? Darf ich das? Sind nicht beide Benennungen endlich? Wenn ich mich auf sie festlege, halten sie mich auf dem Weg des Wissens auf.

Die gleiche Frage stellt sich, wenn wir von einem geistigen Bewusstsein sprechen. Wenn uns die Bewegungen des Geistes erfassen, können wir uns mit einem unendlichen geistigen Bewusstsein im Einklang erfahren. Auf der Ebene dieses Bewusstseins erfassen uns Gedanken, die über unsere eigenen Gedanken weit hinausgehen. Diese Gedanken setzen, ähnlich wie die Gedanken des Geistes, der alles, was er denkt, auch bewirkt, in uns eine Bewegung in Gang. Zuerst in Gedanken und Einsichten, die sich im Einklang mit diesem Bewusstsein auf einer anderen Ebene bewegen. Diese Gedanken und Einsichten lassen uns Zusammenhänge erkennen und verstehen, die unsere vorgefassten Meinungen und Muster beiseiteschieben und ein Handeln fordern und tragen, das in der Zuwendung zu allem, wie es ist, zusammenführt, was zusammengehört und zusammen sein will. Es nimmt uns also mit in eine Bewegung der Liebe, einer Liebe, die dieses Bewusstsein verwirklichen will.

Dann aber bewegen wir uns im Einklang mit diesem Bewusstsein in allem, was wir tun. Wenn dieses Bewusstsein uns erfasst, sind wir nicht mehr frei, uns für das eine oder andere zu entscheiden. Dieses Bewusstsein entscheidet, was es durch uns verwirklicht sehen will. In seiner Hand sind wir nur der Hammer und manchmal auch der Amboss, handelnd und leidend zugleich.

In all dem sind wir mit ihm geistig verbunden. Es ist ein geistiges Wirken und ein geistiges Leiden, in das es uns mitnimmt.

Ist dieses Bewusstsein, von dem wir uns auf diese Weise erfasst und mitgenommen erleben, das Bewusstsein des Geistes? Ist es sein Bewusstsein, als sei er etwas Persönliches und ein Ich? Ist dieses Bewusstsein mit dem Geist und dem Geistigen eins, sodass wir es nicht von ihm unterscheiden dürfen? Oder ist dieses Bewusstsein diesem Geist vorgeschaltet, auf einer uns näher liegenden Ebene? Ist es eine Zwischenstufe für unseren Aufstieg in ein anderes, in ein reines Bewusstsein, in dem wir nur noch da sind?

Zwar kann nichts von diesem Geistigen getrennt sein, wie

immer wir es uns vorstellen und wie immer wir es benennen wollen. Alles ist ja von ihm gedacht, wie es ist. Insofern sind wir auf jeder Ebene mit ihm verbunden, auch auf der physischen. Es macht aber einen Unterschied in unserem Erleben und Denken, ob wir seine Bewegungen bewusst erfahren. Ob wir uns also in unserem Geist innewerden, wie diese Bewegungen uns lenken. Sie lenken uns durch Einsichten, die für uns sonst unzugänglich blieben, und durch eine uns sonst unzugängliche Bewegung der Liebe und ein uns sonst unmögliches bewusstes Handeln.

Auch hier stellt sich die Frage: Dürfen wir mit unserem Denken über das hinausgehen, was wir als eine Bewegung erfahren, um wissen zu wollen, welcher Geist und welches Geistige von uns Besitz nimmt? Bleiben wir dann noch in ihrer Bewegung? Oder entfernen wir uns von ihr? Bleiben wir dann noch Hammer und Amboss zugleich? Oder wollen wir das eine ohne das andere sein?

Die Demut

Auf Antworten auf solche Fragen zu verzichten, ist demütig. Das heißt: Wir überlassen uns dieser Bewegung, ohne sie zu denken und ohne von ihr durch unser Denken Abstand gewinnen zu wollen.

Was geschieht dann mit uns? Es geschieht mit uns alles, wie diese Bewegung es will. Es geschieht mit uns alles, wie sie es denkt. Es geschieht mit uns alles, wie sie es uns auch bewusst macht, und alles, wie sie es liebt.

Das Verborgene

Das Verborgene ist da. Obwohl es da ist, bleibt es für uns verborgen. Es entzieht sich uns. Dennoch bleibt uns das Verborgene zugewandt. Es bleibt uns zugewandt verborgen. Manchmal zeigt es sich uns auch, aber nie ganz. Es zeigt sich oft als eine Ahnung. Es zeigt sich manchmal blitzartig, in einer plötzlichen Einsicht, und zieht sich sofort wieder zurück. Dennoch wissen wir es mächtig da. Es hält uns in seinem Bann und zieht uns an.

Könnten wir das Verborgene ertragen, wenn es sich in seiner Fülle offenbart? Wären wir ihm gewachsen? Es genügt, dass es da ist, wenn auch verborgen.

Auf diese Weise verborgen ist für uns vor allem das Geistige, jenes Geistige, das hinter allem wirkt. Es bleibt uns wesentlich verborgen, selbst unserer Ahnung. Doch wir erfahren es in seiner Bewegung. Wir erfahren es in allem, was es bewegt. Es offenbart sich uns in jeder Bewegung, vorausgesetzt, wir kommen in ihr in Einklang mit dem Geistigen, das in ihr wirkt und in ihr zugleich verborgen bleibt.

Doch manchmal, wenn wir in sein Dunkel schauen, werden wir von ihm erfasst. Wir werden noch tiefer in dieses Dunkel gezogen und erfahren uns auf einmal anders bewegt, mächtig bewegt, jenseits von dem, was wir von uns aus vermögen. Dann lassen wir los. Etwas Verborgenes hat uns in sein Reich gezogen, in ein geistiges Reich. Wir erfahren uns von ihm unmittelbar bewegt, mit Liebe bewegt.

In dieser Bewegung werden wir wissend. Doch wissend nicht in Richtung auf das Verborgene hin, denn wir erfahren es in dieser Bewegung noch dunkler verborgen. Wir werden wissend in der Bewegung, durch die es uns auf ein Handeln hinbewegt. Auf einmal wissen wir, was als Nächstes zu tun ist.

Vor allem aber werden wir in dieser Bewegung wissend durch Liebe.

Das Ganze

Alles Einzelne ist auf dem Weg zum Ganzen. Erst im Ganzen ist es aufgehoben, erst im Ganzen findet es seine Vollendung. Wann werden wir ganz? Werden wir in diesem Leben ganz? Oder ist dieses Leben nur eine Strecke auf dem Weg zu unserem Ganzen, zu unserer ganzen Vollendung? Wir wissen es nicht, aber wir können es ahnen. Denn die Vorstellung, dass unser Leben in eine große Bewegung eingebunden ist und in ihr weder mit etwas davor noch mit etwas danach verglichen werden kann, macht uns zutiefst anspruchslos. Wir gehen mit dieser Bewegung, so weit sie uns führt, ohne uns um das Vorher oder Nachher Sorgen zu machen. Wir gehen nur mit. In diesem Mitgehen wird uns zutiefst einsichtig, dass es keine Rolle spielt, wo wir uns in diesem Leben auf dem Weg zu unserem Ganzen befinden. Wir müssen eh den ganzen Weg gehen. Also gehen wir unser Stück des Weges jetzt so, wie wir ihn gehen, denn anders können wir ihn sowieso nicht gehen.

Was bewirkt diese Vorstellung noch? Wir können jeden anderen auf seinem Weg lassen, wo immer er sich auf ihm in diesem Leben aufhält. Weder sein Weg noch unser Weg lassen sich miteinander vergleichen.

Diese Überlegungen machen uns bescheiden. Sie machen uns auch anspruchslos, anspruchslos gegenüber uns selbst, als müssten und könnten wir uns anders bewegen, als wir es im Augenblick tun. Sie machen uns auch anspruchslos gegenüber anderen, die sich auf diesem Weg anders bewegen als wir, aber dennoch so, wie sie es jetzt tun müssen und dürfen.

Die Zuwendung zu allem, wie es ist, führt uns in eine andere Dimension der Zeit. Sie führt uns in die Dimension der ganzen Zeit, weit über unser jetziges Leben hinaus. Sie führt uns auch über unser jetziges Denken und über unser jetziges Lieben hinaus.

Dem Ganzen zuzustimmen, wie es kommt, ist die ganze Liebe. Sie ist die ganze Liebe schon jetzt.

Oben

Oben im geistigen Bereich heißt auch: über, über etwas. Es heißt aber nicht: darüber, als sei es größer oder anderem vorgesetzt. Nur im wörtlichen Sinn heißt es oben oder über, wie zum Beispiel in dem Wort »Überblick«.

Wer oben steht, schaut nach unten. Er schaut auch über etwas hinweg in die Weite.

Oben heißt auch: abgehoben, auf eine andere Ebene gehoben, auf eine höhere Ebene. Diese Ebene ist eine geistige Ebene, eine reine Ebene, auf der oben und unten im üblichen Sinn aufgehoben sind.

Oben heißt auch: entzogen. Es ist dem entzogen, was uns hinunterzieht. Zum Beispiel ist es dem Eifer entzogen und dem Vergleich.

Wie kommen wir nach oben? Durch den Verzicht. Der Verzicht macht uns leicht. Etwas, das uns festhielt und nach unten zog, hört auf. Wir stehen über ihm und fühlen uns oben. Oben heißt daher auch: erleichtert und frei.

Hier stellt sich die Frage: Wie bleiben wir oben? Wir bleiben oben in der geistigen Bewegung. Mit ihr gehen wir auch nach oben, sie zieht uns nach oben. Sie wird für uns wie der Aufstieg zu etwas Letztem hin, zu etwas ewig Wissendem hin, bis wir in diesem Wissen ruhen. Wir ruhen in ihm in einer Bewegung, in einer unendlichen Bewegung.

Im Einklang mit dem Geist bewegen wir uns also in verschiedene Richtungen. Die eine ist die Zuwendung zu allem, wie es ist. Sie verbindet uns mit allem, was ist. In ihr fügen wir uns ein in alles, wie es ist. Diese Bewegung geht nach unten.

Die andere Bewegung geht nach oben. Sie geht weg von allem, wie es ist. Diese Bewegung nimmt uns mit in einen Bereich, wo das, was hier ist, für uns aufhört. In ihr sind wir vor etwas Größerem nur da, rein da, oben da. In ihr sind wir auch mit allem anderen rein da, mit allem oben da, ausgerichtet auf dieses reine Wissen, mit ihm in einer reinen Bewegung da, ganz da.

Gezogen

»Halb zog sie ihn, halb sank er hin«, heißt es im Lied von der Loreley, als sie einen Fischer zu sich in die Tiefe zog.

Etwas Ähnliches erleben wir auf der geistigen Ebene, in der geistigen Sammlung. Auch hier werden wir von einer Bewegung erfasst, die uns in die Tiefe zieht. Auch hier zieht uns etwas, dieser Bewegung zu folgen. Diese Bewegung zieht uns nicht nur von etwas weg. Sie zieht uns zu etwas hin, in einen anderen Bereich, der uns vorher unzugänglich war. Sie zieht uns in einen geistigen Bereich.

Oft werden wir nicht nur in die Tiefe gezogen, in unsere

eigene Mitte, dorthin, wo wir uns am Innigsten bei uns selbst erfahren. Wir werden auch über uns hinausgezogen, in die andere Richtung, nach oben und weg von uns. Diese Bewegung ist ohne Mitte. In ihr sind wir auch gesammelt. Wir sind aber anders gesammelt, mit vielem gleichzeitig verbunden und da, gleichzeitig geistig da.

Wohin zieht uns diese Bewegung? Sie zieht uns in ein anderes Bewusstsein, in ein gemeinsames Bewusstsein. In diesem Sinne zieht sie uns in eine andere Liebe, in eine gemeinsame Liebe, in eine Liebe für viele und alle zugleich.

Können wir diesem Sog widerstehen? Wollen wir ihm widerstehen? Wie antworten wir auf ihn?

Wir antworten auf ihn mit Hingabe. Sie ist die Antwort auf diese Bewegung, die uns sowohl zieht als auch anzieht. Mit ihr verbunden wissen wir mehr und wissen es anders. Wir wissen es von innen her, als seien wir in ihm. In ihm wissen wir auch uns auf eine andere Weise. Wie? Wir wissen uns mit allem eins.

Noch etwas wissen wir mit diesem Bewusstsein. Wir wissen uns in den Dienst genommen und in diesem Dienst geführt, wissend mit vielen und für viele geführt.

Erhaben

Das Erhabene zieht uns nach oben, in eine Bewegung, die in etwas mitnimmt, das uns staunen macht.

Das Erhabene lässt etwas hinter sich und unter sich. Es bewegt sich von etwas weg. Es kommt auf einer höheren Ebene zur Ruhe, wo es vollendet in sich ruht.

Diese Bewegung ist eine geistige Bewegung. Wenn wir mit ihr gehen – und wenn sie uns mit sich nimmt –, werden auch wir auf gewisse Weise erhaben. Wir erfahren uns auch so. Zum Beispiel erfahren wir uns über Lob und Tadel erhaben. Denn beides zieht uns hinab auf die untere Ebene, in eine Niederung, weg von der Bewegung des Geistes.

In der Bewegung des Geistes erfahren wir Lob und Tadel auf eine andere Weise. Wir erfahren sie körperlich und seelisch.

Das Lob erfahren wir als Ruhe und Sammlung, unabhängig von den Urteilen anderer, seien sie gute oder schlechte. Wir erfahren uns klar in einer Bewegung, die zugewandt ist.

Den Tadel erfahren wir als Verwirrung, als hätten wir die klare Sicht verloren. Wir erfahren ihn manchmal auch körperlich, zum Beispiel als Schmerz oder Müdigkeit. Und wir erfahren ihn als Scheitern. Etwas geht dann daneben.

Dieses Lob und dieser Tadel werden also gefühlt. Sie werden deutlich gefühlt. Wenn wir nach diesem Tadel wieder zum Einklang mit den Bewegungen des Geistes zurückfinden und wir sein Lob fühlen, bleiben wir weiterhin dem Lob und Tadel anderer entzogen, als seien wir über sie erhaben. Wir bleiben aber demütig erhaben, weil wir von woanders her in die Zucht genommen waren.

Die Bewegungen des Geistes führen uns noch auf eine andere Weise auf eine erhabene und höhere Ebene. Sie führen uns über die Unterscheidung von Guten und Bösen hinaus und damit über die Unterscheidung von überlegen und besser und von unterlegen und schlechter.

Da die Bewegung des Geistes alles will, wie es ist, lernen wir im Einklang mit ihr auch, alles zu wollen, wie es ist, und es zu lieben, wie es ist. Im Einklang mit den Bewegungen des Geistes werden wir über Gut und Böse erhaben und hören auf, das Gute als gut zu bewerten und das Böse als böse. Wir entziehen uns den Wertungen und Urteilen. Im Angesicht der geistigen Wirklichkeit kommt ihnen keines dieser Urteile zu. Der gleiche Geist bewegt sie auf die eine oder andere Weise, unabhängig von unseren Urteilen und unserem Lob oder Tadel.

Auf dieser Ebene, so erhaben sie uns auch scheinen mag, bleiben wir zugleich unten, wirklich unten und allen gleich, gleich vor diesem Geist und gleich von ihm bewegt. Das ist die Ebene, auf der uns dieser Geist jenseits von diesen Unterscheidungen mit allen verbindet, auf der er uns erhaben mit ihnen verbindet.

Zugleich fühlen wir uns auf dieser Ebene frei. Statt hinuntergezogen und in endlose Konflikte verwickelt zu werden, fühlen wir uns nach oben gezogen, immer höher, staunenswert höher, wo auch wir zur Ruhe kommen, wo wir erhaben und vollendet zur Ruhe kommen. Wie? Mit Liebe.

Sorglos

Sorglos sind wir im Augenblick. Sorglos sind wir im Einklang mit den Bewegungen des Geistes. Denn was immer wir im Einklang mit den Bewegungen des Geistes unternehmen, wird gelingen. Nicht immer so, wie wir es uns vorgestellt haben, aber so, dass wir etwas Entscheidendes für uns und andere bewirken.

Die Frage ist: Bleiben wir sorglos, auch wenn dem, was wir unternehmen, scheinbar unüberwindliche Schwierigkeiten entgegenstehen und die Machtverhältnisse es im Augenblick nicht zulassen wollen? Gerade hier gilt es, sorglos zu bleiben. Wir müssen uns völlig auf diese andere Bewegung verlassen, die auch das bewegt, was uns widrig erscheint.

Daher bleiben wir auch dem gegenüber sorglos, was andere unternehmen, und stellen uns ihm nicht in den Weg.

Außer wir werden, wenn wir uns im Einklang mit einer Bewegung des Geistes wissen, von ihr dazu gezwungen. Auch dann bleiben wir sorglos.

Diese Sorglosigkeit ist gesammelt und wach, denn jederzeit kann die Bewegung des Geistes uns zu etwas tragen, was unseren gesammelten Einsatz verlangt. Die Sorglosigkeit auch im entscheidenden Handeln gelingt uns nur mit der äußersten geistigen Disziplin. Sie erlaubt uns keine Nachlässigkeit und kein ängstliches Zögern. Sie ist gepaart mit der Kraft des Geistes, der uns erfasst hat.

Sorglos bleiben wir vor allem auf dem Weg des Geistes. Was braucht es uns zu kümmern, wie weit wir auf ihm gekommen sind, als ob es an uns läge und an unserem Plänen, wie wir uns auf ihm bewegen müssen und in welche Richtung? Was immer wir tun und uns im Augenblick beschäftigt, plötzlich werden wir von einer Bewegung erfasst, ohne auf sie vorbereitet zu sein, jenseits aller Sorge.

Was bleibt hier zu tun? Nichts, außer zu warten, sorglos zu warten, wach sorglos zu warten. Was bleibt zu tun, wenn nichts geschieht, wenn wir scheinbar endlos warten?

Wenn wir uns Sorgen machen, wird unsere Sorglosigkeit auf die Probe gestellt, auf eine harte Probe. Wie bestehen wir diese Probe? Gesammelt, ganz gesammelt.

Wie erfahren wir die Sammlung? Wir erfahren sie als Hingabe, als letzte Hingabe. Diese Hingabe ist ohne Sorge. Sie ist Liebe ohne Sorge, reine Liebe, schon jetzt vollendet am Ziel. Wie? Sorglos.

Das Gleiche

Was müssen wir als gleich betrachten? Ist es nur das, was gleich aussieht? Oder sind es auch die Gegensätze, das, was sich entgegensteht?

Es sind vor allem die Gegensätze, die wir als einander entgegenstehend oder einander ausschließend betrachten, obwohl keiner ohne den anderen gesehen und erfahren werden kann. Gerade deshalb sind sie einander auch gleich.

Die Frage ist: Wie bringen wir die Gegensätze so zusammen, dass sie für uns gleich werden? Gleich auch in der Erfahrung? Nur wenn wir sie auch in unserer Erfahrung als gleich erfahren, bis ins Letzte als gleich erfahren, gehören sie uns als ein Ganzes.

Den größten Gegensatz erfahren wir zwischen Gut und Böse, vor allem den Gegensatz zwischen Täter und Opfer, zwischen dem Mörder und seinem Opfer.

Doch was erfährt das Opfer in seinem Mörder? Was erfährt der Mörder in seinem Opfer? Beide erfahren sich im anderen als ganz. Sie erfahren sich ganz, weil sie sich dem anderen in dieser Erfahrung so innig verbunden erleben, dass sie sich ihm als gleich erfahren müssen.

Die Frage ist, inwieweit sie sich innerlich wehren, im anderen und im Gegensatz zu ihm zugleich sich selbst zu erfahren, ganz selbst? Was geschieht, wenn sie sich dieser Erfahrung stellen, ganz stellen? Sie erfahren sich vollständig und ganz.

Um sich auf diese Weise vollständig und ganz zu erfahren, muss etwas hinzukommen. Erst wenn wir in diesen Gegensätzen die gleiche Bewegung des Geistes erkennen, erst wenn wir mit ihr innerlich so ganz in Einklang kommen, dass wir uns mit ihr in die eine wie in die andere Bewegung mitbewegen lassen, hingegeben mitbewegen lassen, werden wir geistig ganz. Wenn wir uns in der einen wie in der anderen Bewegung auf gleiche Weise geistig erfahren, wenn wir uns in beiden von diesem Geist ganz in Besitz genommen und ihm willig ausgeliefert erfahren, kommen die Gegensätze in uns zusammen. Sie kommen ganz in uns zusammen und heben sich auf.

Zählen sie dann noch? Sind wir ihnen noch ausgeliefert? Oder hören sie auf?

Im Einklang mit den Bewegungen des Geistes hören wir auf, weiter in diesen Gegensätzen zu fühlen: weder böse, weder gut, weder schuldig, weder unschuldig, weder dagegen, weder dafür. Im Einklang mit den Bewegungen des Geistes fühlen wir uns nur da, demütig da, mit Liebe da. Wir fühlen uns auch mit Liebe für uns da, was immer unser Los auch sei. Wir fühlen uns mit Liebe für jeden da, wie immer sein Los auch sei. Wir fühlen uns mit Liebe da, ohne Furcht und Zittern, was immer mit uns und mit anderen geschieht.

Sind wir dann noch in dieser Welt? Sind wir bereits woanders?

Zählt selbst dieser Gegensatz noch? Sind wir auch diesem Gegensatz entzogen? Wohin entzogen? Können wir noch wählen oder wünschen? Endlich ist auch hier für uns alles gleich.

Sind wir hier nur noch gedacht? Immer gedacht? So gedacht? Ewig gedacht? Unendlich gedacht?

Das Ende

Wo landen wir, wenn etwas für uns zu Ende kommt? Ist es wirklich am Ende? Sind wir es los? Oder ist die Vorstellung, dass etwas an sein Ende gekommen ist, eine Täuschung?

Wenn wir erhoffen, dass etwas zu Ende geht und uns danach in Ruhe lässt, sind wir damit außerhalb von ihm? Oder sind wir im Gegenteil erst recht voll in ihm und von ihm in Besitz genommen?

Wie also gehen wir mit der Vorstellung um, dass etwas ein Ende findet und wir von ihm frei sind? Wir stimmen zu, dass es uns weiterhin gehört.

In dem Augenblick verändert sich unsere Einstellung. Wir nehmen etwas in uns hinein, statt es hinauszuschicken. In dem Augenblick werden wir statt weniger mehr. Das heißt, wir gewinnen eine Kraft zurück, die wir aus uns entlassen haben.

Wie ist es dann mit unserem Leben? Kommt unser Leben bei unserem Tod an ein Ende? Lassen wir es bei unserem Tod zurück? Sind wir es dann los? Oder können wir es mitnehmen in einen anderen Bereich, in einen geistigen Bereich? Können wir sogar unseren Körper auf gewisse Weise in diesen anderen Bereich mitnehmen? Zum Beispiel alle seine Erfahrungen? Denn was sind die Erfahrungen unseres Körpers anderes als im Tiefsten geistige Erfahrungen, so als ob unser Körper in seiner physischen Daseinsweise zugleich geistig da ist. Dass sein geistiges Dasein und seine im Geist gemachten Erfahrungen den physischen Tod überdauern und wir sie mitnehmen in den anderen Bereich. Und zwar alle seine Erfahrungen, auch jene, die wir loswerden wollten. Also auch das Schwere, auch das Leid, auch die Schuld? Holt es uns in diesem geistigen Bereich ein? Wartet es darauf, dass wir es endlich zu uns nehmen, wenn nicht hier, dann dort?

Wie ist es mit jenen Menschen, mit denen wir an ein Ende kommen wollten? Gerade ihnen begegnen wir in diesem Bereich. Vielleicht sind sie schon vor uns dort und erwarten uns. Warum also die Begegnung mit ihnen hinausschieben?

Wir nehmen sie schon hier zurück in unser Leben. Wie? So, wie sie sind. So, wie wir sie loswerden wollten. So, wie sie für uns unausweichlich wurden. So, wie wir ihnen schon hier untrennbar verbunden sind.

Damit überwinden wir unser Ende schon jetzt. Wir überdauern es und wachsen über es jetzt schon hinaus, geistig hinaus. Wir sind schon hier, wie wir dort sein müssen und sein werden – ohne Ende schon jetzt ganz.

Der Aufstieg

Wohin geht unser Aufstieg? Er geht nach oben. Wohin geht der geistige Aufstieg? Auch er geht nach oben und zugleich in die Weite.

Wie erleben wir den geistigen Aufstieg? Er wird immer reiner, losgelöst von allem, was uns auf ihm zurückhalten oder ihn aufhalten könnte.

Was hält den Aufstieg vor allem auf? Die Abweichung von der Liebe zu allem, wie es ist, jeder innere Vorwurf an jemanden, auch jede Sorge um ihn. Was geschieht mit uns in diesem Augenblick? Wir weigern uns, der Bewegung des Geistes im anderen zuzustimmen, wie sie ihn bewegt. Damit verlieren wir zugleich die Verbindung mit den Bewegungen des Geistes in uns. Statt aufzusteigen, fallen wir zurück und müssen wieder von vorn beginnen.

Nach einiger Zeit werden uns die Abweichungen von den Bewegungen des Geistes schneller bewusst. Wir lernen, schneller zur Liebe zurückzufinden. Wir kommen schnell zurück zu der Stelle, von der wir abgestürzt sind, und fahren fort, hinaufzusteigen, höher hinaufzusteigen. Wir steigen reiner hinauf. Wir können auch sagen, wir werden reiner hinaufgezogen und hinaufgetragen – bis zum nächsten Absturz. Die Bewegungen des Geistes nehmen uns in eine harte Zucht, in eine harte Zucht der Liebe. Hier wird uns nichts nachgesehen.

Der Aufstieg führt uns noch auf eine andere Weise zur Liebe, zur Liebe zu jenem Geist, der offensichtlich hinter allem wirkt, was sich bewegt, uns aber entzogen und verborgen bleibt. Wie fühlen wir diese Liebe und wohin zieht sie uns?

Wir fühlen sie als Hingabe, als völlige Hingabe, als blinde Hingabe. Sie ist blind, weil sie ohne Erwartung bleibt und ohne eigenes Wollen, in dieser Weise bis ins Letzte hingegeben. Sie ist dem Geist hingegeben, wie er alles bewegt, auch wenn er es anders bewegt, als wir es erwarten oder uns wünschen, sowohl für uns als auch für andere. Diese Hingabe ist völlig rein. Sie ist in jeder Hinsicht reine Hingabe und reine Liebe.

Halten wir diese Hingabe durch? Sind wir überhaupt zu ihr fähig? Sind wir für sie rein genug?

Hinter dieser Frage wirkt die Vorstellung, als hieße rein, dass wir von etwas frei werden, dass wir es hinter uns lassen. Wie aber können wir vor diesem Geist rein sein, wenn wir etwas loswerden und zurücklassen wollen, was er bewegt? Wenn wir etwas für minder achten, was er zugleich mit allem anderen denkt und daher auch will, wie er es denkt?

In diesem Zusammenhang heißt rein: mehr statt weniger. Rein heißt letztlich: alles. Es heißt: alles, wie es ist, alles zusammen, wie es ist, alles geachtet und geliebt, wie es ist.

Daher ist unsere Hingabe an diesen alles denkenden Geist, an diesen durch sein Denken alles schaffenden und bewegenden Geist auch keine persönliche Hingabe, als würden wir uns ihm persönlich hingeben und würden wir von ihm persönlich in diese Hingabe gezogen. Diese Hingabe kann nur eine Hingabe mit allem, was sich bewegt, gemeinsame sein. Nur mit allem, was ist, gemeinsam ist sie die reine, die letzte Hingabe.

Wie ist es dann mit dem Aufstieg? Lassen wir auch auf ihm etwas zurück? Oder nehmen wir das von uns als das Unterste Erfahrene ebenso mit wie das als das Höchste Erfahrene? Nehmen wir also auf diesem Aufstieg das Physische und den Körper ebenso mit wie das von uns manchmal als vom Körper getrennt Erfahrene, wie unsere Seele und unseren Geist? Sind wir nicht erst als Ganzes wirklich geistig und Geist?

Wohin gelangen wir also auf unserem Aufstieg? Was ist die letzte Hingabe? Wie werden wir mit diesem Letzten auf die vollkommenste Weise eins?

Indem wir ihm mit uns alles andere hingeben, wenn wir es ihm mit uns zurückgeben, indem wir es ihm darbringen, geistig darbringen, als käme mit uns alles, was von ihm gedacht und bewegt war, zu ihm zurück, vollendet zurück.

Was ich hier zu beschreiben versuche, sind innere Bewegungen, wie wir sie in uns erfahren, ohne uns auch nur im Geringsten sicher sein zu können, wieweit wir mit ihnen der letzten Wirklichkeit nahe kommen. Doch darauf kommt es mir in keiner Weise an, da es unserer Erfahrung nichts hinzufügen könnte. Die Frage ist nur, welche Wirkungen für uns diese Bewegungen haben.

Verbinden sie uns umfassender mit der uns erfahrbaren Wirklichkeit? Erfahren wir uns in ihnen mehr und tiefer mit allem verbunden, wie es ist? Vor allem aber, erfahren wir uns dieser Wirklichkeit auf jeder Ebene zugewandt und mit ihr in Liebe eins? Eins mit der Liebe des Geistes – in reiner Liebe.

Aufgelöst

Das Ich

Wenn wir uns sammeln, indem wir von allem leer werden, was für uns zum reinen, nackten Dasein hinzukommen könnte oder was von uns als ihm hinzukommend gedacht, ersehnt und erfahren wird, wenn wir also nur noch auf dieses eine Wesentliche ausgerichtet bleiben, erfahren wir uns auch als Ich. Ich heißt hier: Wir erfahren uns von allem, das nicht wesentlich zu uns gehört, getrennt. Erfahren wir uns dann auch ganz?

Was ist hier zu bedenken? Das Erste ist: Kann mein Dasein in dem Sinn mein Dasein sein, dass es aus mir kommt, dass ich sein Anfang und seine Quelle bin, aus der es seine Kraft gewinnt und seine Bewegung? Oder werde ich durch mein Dasein mit einem anderen Dasein verbunden, von dem mein Dasein in jeder Weise abhängt und dem es dient?

Ich erlebe es als mein Dasein nur, weil auch dieses Bewusstsein, dass es mein Dasein ist, von woanders herkommt. Es wird mir als mein Dasein nur bewusst, weil ein anderes Dasein es so will, weil ich nur so für dieses andere Dasein zu einem Gegenüber werde, das antwortet und das sowohl nimmt als auch gibt. Das Ich gibt es also nur als Bezug. Ohne Bezug bleibt es ohne Bewegung und hört als Dasein auf.

Das Zweite ist, dass mein Dasein mit allem anderen da ist, das ebenfalls seine Bewegung und seinen Sinn von außen bekommt, dem es auf gleiche Weise ein Gegenüber wird wie ich. Ich bin also gleichzeitig mit allem anderen da und über den gemeinsamen Anfang sowohl mit diesem als auch mit ihnen in etwas uns alle gemeinsam Verbindendem und Tragendem eins. Erst in dieser Verbindung mit allem, wie es ist, werde ich ganz und erfahre mich ganz.

Das endliche Ganze

Wer erfährt sich dann als ganz? Bin ich es noch als ein Ich? Oder löst sich dieses Ich auf, indem es seine Grenzen verliert, auch seine Endlichkeit, dass es sich auf einmal unendlich erlebt? Unendlich, weil es grenzenlos wird? Spielt es dann noch eine Rolle, inwieweit andere mit ihrem Dasein das meine beeinflussen? Inwieweit ihr Schicksal auch das meine wird und mein Schicksal ihres? Wenn also ihr Leiden auch meines wird, ihr Leben auch meines und ihr Tod der meine? Ohne es weiterhin auf mich zu beziehen, auf mein Ich, löse ich mich in dieses Unendliche auf, das alles gleichermaßen miteinander da sein lässt als ein gemeinsames ihm Gegenüber, in dem es so da ist, dass es unterschiedslos vor ihm da ist, ohne ein eigenes Ich, ohne eigenen Anspruch, ohne eigene Vollendung, ohne eigenes Sein. Das heißt: So wie das Ich löst sich auch das Ganze als ein Vorläufiges in etwas Unendliches und hört im Unendlichen auf.

Das endliche Sein

Hat dieses Unendliche ein Dasein? Hat es ein Sein, als sei es als ein Unendliches da? Oder löst sich im Unendlichen auch das Sein auf in ein unendliches Nicht? Wohin geht dann unsere Bewegung? Geht sie hin auf ein Mehr-Sein? Oder geht sie hin auf ein Weniger-Sein? Wohin geht unsere tiefste Sehnsucht? Wo kommen wir wirklich zu uns selbst? Ist es das Sein oder ist es das Nicht?

So seltsam es klingt, erst im Nicht sind wir am Ziel, an einem unendlichen Ziel, denn unendlich kann nur das Nicht sein, weil es nicht ist.

Sind diese Gedanken absurd? Als Gedanken scheinen sie

so, aber nicht von unserem Erleben her und von unserer tiefsten Sehnsucht.

Rilke beschreibt diese Sehnsucht und diese Bewegung am Ende seiner zehnten Duineser Elegie, wenn auch verschlüsselt. Ein junger Toter wird auf der anderen Seite von einer Klage durch das einstige Land der Klagen begleitet. Einst waren sie reich, diese Klagen, doch auch sie hören auf. An der Grenze des Klagereiches angekommen, umarmt die Klage den Toten weinend. Rilke sagt von ihm:

>»Einsam steigt er dahin, in die Berge des Ur-Leids.
>Und nicht einmal sein Schritt klingt aus dem tonlosen Los.

*

>Aber erweckten sie uns, die unendlich Toten, ein Gleichnis,
>siehe, sie zeigten vielleicht auf die Kätzchen der leeren
>Hasel, die hängenden, oder
>meinten den Regen, der fällt auf dunkles Erdreich im
>   Frühjahr. –

>Und wir, die an *steigendes* Glück
>denken, empfänden die Rührung,
>die uns beinah bestürzt,
>wenn ein Glückliches *fällt*.«

Das Nicht

Wie wird alles ganz? Wenn es aufhört. Wie werden wir vollendet und ganz? Wenn auch wir aufhören. Dorthin geht unsere letzte Sehnsucht. Erst im Aufhören werden wir ganz. Was hört mit uns auf? Auch unser Sein. Erst wenn wir aufhören zu sein, gehen wir ein in das unendliche Nicht, grenzenlos ganz.

Was ist mit dem Glück? Auch das Glück ist vollendet, wenn es aufhört. Erst dann ist es rein, rein wie das Nicht.

Was sind die Folgen, wenn wir uns auf diese Gedanken und diese Bewegung einlassen? Wir werden sorglos. Denn um was sorgen wir uns vor allem? Dass etwas aufhört, von dem wir wollen, dass es bleibt. Oder dass etwas bleibt, von dem wir hoffen, dass es aufhört. Oder dass uns etwas entgeht oder dass uns etwas trifft. Ohne Sorge sind wir gesammelt auf etwas, in dem das eine wie das andere vergeht, ohne dass von ihm etwas bleibt, weder ein Gewinn noch ein Verlust. Sorglos in diesem Sinn heißt: gelassen, gelassen als das Ende einer Bewegung, gelassen im vollen Sinn als Lassen des Seins.

Das Nicht ist jedoch keineswegs nicht. Es wird in seiner Macht und Kraft und in seiner Gegenwart von uns laufend als wirkend erfahren. Denn obwohl es nicht ist, ist es für uns mit allem Sein auch da. Es wird von uns im Sein als das erfahren, was nicht da ist, oder als das, was noch nicht da ist. Daher ist es für uns größer und weiter als das Sein, und zwar soviel größer und weiter, dass wir es uns nur frei von allen Grenzen des Seins und jenseits der Vorläufigkeit von allem von uns als seiend Erfahrenen in jeder Hinsicht als unendlich denken können und es als unendlich auch erfahren.

Nehmen wir zum Beispiel unser Wissen. Verglichen mit unserem Wissen können wir uns das Nichtwissen nur als unendlich vorstellen. Doch gerade weil es nicht ist, zieht es uns an. Wir wollen mehr von unserem Nichtwissen wissen. Gerade weil es nicht ist, wirkt es und wird als Nicht auch erfahren.

Das Gleiche gilt von unserem Verständnis. Wir brauchen uns nur vorzustellen, dass wir etwas vollständig verstehen. Erfahren wir uns dann größer oder kleiner? Sind wir mit etwas mehr verbunden oder sind wir es weniger? Wenn das Nicht von etwas wegfällt, erfahren wir uns auf eine seltsame

Weise unvollständig und leer. Vor allem können wir uns dann nicht mehr in Bewegung erfahren.

Wir können das auch mit Bezug auf unsere Gottesvorstellungen überprüfen. Ist der Gott, der verkündet wird und der angebetet und gefürchtet wird, wirklich groß? Können und dürfen wir uns das, was damit gemeint ist, ohne ein Nicht vorstellen? Oder hebt sein Nicht am Ende unsere Vorstellungen von ihm auf? Wie wird unser Bezug zu ihm als das unendliche Nicht? Auch er wird unendlich.

Wie ist es dann mit der Liebe? Wie ist es mit der Zuwendung zu einem geliebten Menschen? Wohin geht diese Liebe? Was erreicht sie? Erreicht sie den anderen, wie er ist, oder erreicht sie nur etwas von ihm, etwas Vordergründiges, sodass das Wesentliche von ihm, sein Eigentliches, vor uns verborgen bleibt? So wie es auch ihm notwendigerweise verborgen bleibt, weil es auch für ihn zu seinem Nicht gehört? Nur wenn wir mit ihm sein Nicht mit lieben, lieben wir ihn ganz.

Aufhören

Wie hören wir auf? Mit einem Ausblick. Mit ihm geht nach dem Aufhören noch etwas weiter. Mit dem Aufhören beginnt das Eigentliche, für das wir den Weg frei gemacht haben. Alles, was dem Ausblick voranging, hat auf ihn vorbereitet.

Wenn ich jetzt mit diesem Buch aufhöre, was ist der Ausblick, auf den es ankommt? Der Ausblick auf einen Weg, der uns über eine Grenze in die Weite führt, in eine endlose Weite, in die Weite des Geistes.

Bleibt dann das Frühere zurück? Bleibt die frühere Enge zurück? Bleiben unsere Fesseln zurück?

Sie gehen mit uns, denn es ist der Weg, der geht, der ganze Weg, das ganze Leben, das ganze Dasein. Der Weg ist in Bewegung, wie er war und wie er sein wird. Daher ist auf diesem Weg, ungeachtet, wo wir uns auf ihm befinden, das Kommende für uns schon da, ganz da.

Anhang

Leitfaden durch die Veröffentlichungen von Bert Hellinger

Bücher

Einführung und Schulung

Ordnungen der Liebe
Ein Kursbuch
516 Seiten, 174 Abb., 7., korr. Auflage 2001
Carl-Auer-Systeme Verlag

Der Austausch
Fortbildung für Familien-Steller
227 Seiten, 141 Abb., 2002
Carl-Auer-Systeme Verlag

Ordnungen des Helfens
Ein Schulungsbuch
220 Seiten, 2. Auflage 2006
Carl-Auer-Systeme Verlag

Zweierlei Glück
Die systemische Psychotherapie Bert Hellingers
Hrsg. Gunthard Weber
338 Seiten, 15 Abb., 14. Auflage 2001
Carl-Auer-Systeme Verlag
Dieses Buch ist auch als Taschenbuch beim Goldmann
Verlag (Arkana) erhältlich.

Paarbeziehungen

Wie Liebe gelingt
Die Paartherapie von Bert Hellinger
Hrsg. Johannes Neuhauser
348 Seiten, 123 Abb., 3., korrigierte Auflage 2002
Carl-Auer-Systeme Verlag

Wir gehen nach vorne
Ein Kurs für Paare in Krisen
273 Seiten, 200 Abb., 2., korrigierte Auflage 2002
Carl-Auer-Systeme Verlag

Liebe auf den zweiten Blick
Lösungen für Paare
239 Seiten, 179 Abb., 2002
Herder Verlag

Liebe und Schicksal
Was Paare aneinander wachsen lässt
249 Seiten, 165 Abb., 2., Auflage 2003
Kösel Verlag

Eltern und Kinder

Kindliche Not und kindliche Liebe
Familien-Stellen und systemische Lösungen in Schule und
Familie
Hrsg. Sylvia Gòmez Pedra
208 Seiten, 119 Abb., 2., korr. u. überarb. Auflage 2002
Carl-Auer-Systeme Verlag

Wenn ihr wüsstet, wie ich euch liebe
Wie schwierigen Kindern durch Familien-Stellen und
Festhalten geholfen werden kann
Mit Jirina Prekop
280 Seiten, 104 Abb., 3. Auflage 2003
Kösel Verlag
Dieses Buch ist auch als Taschenbuch erschienen bei Knaur
(Mens Sana) ISBN 3-426-87250-1.

Haltet mich, dass ich am Leben bleibe
Lösungen für Adoptierte
216 Seiten, 163 Abb., 2. Auflage 2001
Carl-Auer-Systeme Verlag

In der Seele an die Liebe rühren
Familien-Stellen mit Eltern und Pflegeeltern von
behinderten Kindern
120 Seiten, 80 Abb., 1998
Carl-Auer-Systeme Verlag (vergriffen)

Was in Familien krank macht und heilt

Familien-Stellen mit Kranken
Dokumentation eines Kurses für Kranke, begleitende
Psychotherapeuten und Ärzte
352 Seiten, 3. Auflage 1998
Carl-Auer-Systeme Verlag (vergriffen)

Was in Familien krank macht und heilt
Ein Kurs für Betroffene
288 Seiten, 197 Abb., 2. Auflage 2001
Carl-Auer-Systeme Verlag

Wo Schicksal wirkt und Demut heilt
Ein Kurs für Kranke
320 Seiten, 165 Abb., 2. Auflage 2001
Carl-Auer-Systeme Verlag

Schicksalsbindungen bei Krebs
Ein Kurs für Betroffene, ihre Angehörigen und Therapeuten
200 Seiten, 116 Abb., 3. Auflage 2001
Carl-Auer-Systeme Verlag.

Die größere Kraft
Bewegungen der Seele bei Krebs
Hrsg. Michaela Kaden
193 Seiten, 111 Abb., 2001
Carl-Auer-Systeme Verlag (vergriffen)

Liebe am Abgrund
Ein Kurs für Psychose-Patienten
230 Seiten, 187 Abb., 2001
Carl-Auer-Systeme Verlag

Das andere Sagen
Ein Kurs für Sprechgestörte und ihre Helfer
160 Seiten, 120 Abb., 2003
Carl-Auer-Systeme Verlag

Wo Ohnmacht Frieden stiftet
Familien-Stellen mit Opfern von Trauma, Schicksal und
Schuld
255 Seiten, 186 Abb., 2000
Carl-Auer-Systeme Verlag

Frieden und Versöhnung

Der Friede beginnt in den Seelen
Das Familien-Stellen im Dienst der Versöhnung
223 Seiten, 150 Abb., 2003
Carl-Auer-Systeme Verlag

Der Abschied
Nachkommen von Tätern und Opfern stellen ihre Familie
370 Seiten, 260 Abb., 2. überarbeitete und erweiterte
Auflage 2001
Carl-Auer-Systeme Verlag

Rachel weint um ihre Kinder
Familien-Stellen mit Opfern des Holocaust in Israel
288 Seiten, 2004
Herder Verlag

Der große Konflikt
Die Antwort
255 Seiten, 2005
Goldmann Verlag

Vorgehensweisen

Finden, was wirkt
Therapeutische Briefe
232 Seiten, 11. Auflage 2003
Kösel Verlag

Verdichtetes
Sinnsprüche – Kleine Geschichten – Sätze der Kraft
109 Seiten, 5. Auflage 2000
Carl-Auer-Systeme Verlag

Mitte und Maß
Kurztherapien
262 Seiten, 147 Abb., 2. Auflage 2001
Carl-Auer-Systeme Verlag

Die Quelle braucht nicht nach dem Weg zu fragen
Ein Nachlesebuch
388 Seiten, 2. Auflage 2002
Carl-Auer-Systeme Verlag

Liebes-Geschichten
Zwischen Mann und Frau, Eltern und Kindern,
uns und der Welt
256 Seiten, 2006
Kösel Verlag

Dialoge

Anerkennen, was ist
Gespräche über Verstrickung und Lösung
Mit Gabriele ten Hövel
220 Seiten, 14. Auflage 2002
Kösel Verlag

Mit der Seele gehen
Gespräche mit Bert Hellinger
Mit Bertold Ulsamer und Harald Hohnen
187 Seiten, 2001
Herder Verlag (vergriffen)

Ein langer Weg
Gespräche über Schicksal, Versöhnung und Glück
Mit Gabriele en Hövel
240 Seiten, 2005
Kösel Verlag

Einsichten und Gedanken

Die Mitte fühlt sich leicht an
Vorträge und Geschichten
264 Seiten, 9., erw. Auflage 2003
Kösel Verlag

Religion – Psychotherapie – Seelsorge
Gesammelte Texte
232 Seiten, 2. Auflage 2001
Kösel Verlag

Entlassen werden wir vollendet
Späte Texte
220 Seiten, 2. Auflage 2002
Kösel Verlag

Gedanken unterwegs
236 Seiten, 2. Auflage 2005
Kösel Verlag

Gottesgedanken
Ihre Wurzeln und ihre Wirkung
240 Seiten, 2004
Kösel Verlag

Wahrheit in Bewegung
160 Seiten, 2. Auflage 2005
Herder Verlag

Dankbar und gelassen
Im Einklang mit dem Leben
157 Seiten, 2005
Herder Verlag

Erfülltes Dasein
Wege zur Mitte
159 Seiten, 2006
Herder Verlag

Innenreisen
Erfahrungen – Betrachtungen – Beispiele
200 Seiten, 2007
Kösel Verlag

Videos und DVDs

Alle diese Videos und DVDs sind zum Preis von je € 25,–
(zzgl. Versandkosten) erhältlich bei:
Video Verlag Bert Hellinger International,
Postfach 2166, D-83462 Berchtesgaden.

Einführung in das Familienstellen und Schulung

Videos

Die Seele schenkt
Schulung in Köln
2 Videos, 4 Stunden, 50 Minuten

Ordnungen des Helfens
Schulung in Bad Nauheim
2 Videos, 2 Stunden, 32 Minuten

Helfen – eine Kunst
Schulung in Salzburg
2 Videos, 4 Stunden, 10 Minuten

Helfen braucht Einsicht
Schulung in Zürich
4 Videos, 7 Stunden, 20 Minuten

Helfen auf den Punkt gebracht
Schulung in Madrid
4 Videos, 7 Stunden, 36 Minuten (Deutsch/Spanisch)

Dimensionen der Liebe
5 Videos, 11 Stunden (Deutsch/Französisch)

Zu den Schulungsvideos gehören auch die folgenden
Videos vom Kurs für soziale und pädagogische Berufe in
Mainz:

Helfen im Einklang
1 Video, 2 Stunden, 40 Minuten

Kurzsupervisionen
1 Video, 2 Stunden, 35 Minuten

Das andere Familien-Stellen
1 Video, 2 Stunden, 15 Minuten

DVDs

Dimensionen des Helfens in der Praxis
Schulung in Basel
1 DVD, 3 Stunden, 8 Minuten

Liebe in unserer Zeit
Schulungskurs Bad Sulza
3 DVDs, 4 Stunden, 31 Minuten

Wie Liebe und Leben zusammen gelingen
Kurstag Lebenshilfe in Aktion, Leipzig
2 DVDs, 2 Stunden, 55 Minuten

Schulungstag: Lebenshilfe in Aktion
Neuchâtel
3 DVDs, 2 Stunden, 40 Minuten (Deutsch/Französisch)

Geistige Liebe – geistiges Heilen
1 DVD, 1 Stunde, 57 Minuten

Helfen braucht Einsicht
4 DVDs, 7 Stunden, 19 Minuten

Helfen auf den Punkt gebracht
4 DVDs, 7 Stunden, 36 Minuten

Das Gewissen und die Seele
1 DVD, 45 Minuten

Paarbeziehungen

Videos

Wie Liebe gelingt
Die Paartherapie Bert Hellingers
5 Videos, 12 Stunden, 30 Minuten

Wir gehen nach vorne
Ein Kurs für Paare in Krisen
3 Videos, 7 Stunden

Liebe und Schicksal
Was Paare aneinander wachsen lässt
4 Videos, 10 Stunden, 10 Minuten, Deutsch/Italienisch

DVDs

Ich liebe dich. Lebenshilfen für Mann und Frau
Schulungskurs in Bad Sulza
2 DVDs, 2 Stunden, 41 Minuten

Liebe wächst
Geschichten aus einem Kurs für Paare
Schulungskurs in Neuchâtel
4 DVDs, 5 Stunden, 33 Minuten (Deutsch/Französisch)

Wie Liebe gelingt
5 DVDs, 12 Stunden, 30 Minuten

Eltern und Kinder

Videos

Haltet mich, dass ich am Leben bleibe
Lösungen für Adoptierte
2 Videos, 7 Stunden

In der Seele an die Liebe rühren
Familien-Stellen mit Eltern und Pflegeeltern von behinderten Kindern
1 Video, 2 Stunden, 30 Minuten (vergriffen)

DVDs

Liebes Kind
Lebenshilfen für Kinder und ihre Eltern
Schulungskurs in Bad Sulza
3 DVDs, 4 Stunden, 16 Minuten

Alle Kinder sind gut und ihre Eltern auch
Vortrag und Meditationen
Schulungskurs in Bad Sulza
1 DVD, 1 Stunde, 12 Minuten

Was in Familien krank macht und heilt

Videos

Familien-Stellen mit Kranken
Kurs für Kranke, begleitende Psychotherapeuten und Ärzte
3 Videos, 10 Stunden (vergriffen)

Wo Schicksal wirkt und Demut heilt
Ein Kurs für Kranke
3 Videos, 9 Stunden, 30 Minuten

Bert Hellinger arbeitet mit Krebskranken
2 Videos, 8 Stunden

Liebe am Abgrund
Ein Kurs für Psychose-Patienten
3 Videos, 10 Stunden

Die Versöhnung des Getrennten
Ein Kurs für Psychose-Patienten in Mallorca
4 Videos, 8 Stunden, 46 Minuten (Deutsch/Spanisch)

Das andere Sagen
Ein Kurs für Sprechgestörte und ihre Helfer
3 Videos, 8 Stunden

Wo Ohnmacht Frieden stiftet
Familien-Stellen mit Opfern von Trauma, Schicksal und Schuld
3 Videos, 6 Stunden, 30 Minuten

Frieden und Versöhnung

Videos

Bewegungen auf Frieden hin
*Lösungsperspektiven durch das Familien-Stellen bei
ethnischen Konflikten*
2 Videos, 4 Stunden, 30 Minuten

Bewegungen der Seele
3 Videos, 9 Stunden, 30 Minuten

Wie Versöhnung gelingt
Athen
1 Video, 1 Stunde, 37 Minuten (Deutsch/Griechisch)

Familien-Stellen in Istanbul, Video 2: Der Friede
Was die Getrennten wieder vereint
1 Video, 2 Stunden, 41 Minuten (Deutsch/Türkisch)

Das Überleben überleben
*Nachkommen von Überlebenden des Holocaust stellen ihre
Familie*
1 Video, 2 Stunden, 30 Minuten

Die Toten
Was Täter und Opfer versöhnt
1 Video, 60 Minuten

Ein weiteres Video zu diesem Thema dokumentiert einen
dreitägigen Kurs in Israel im September 2002. Nur in Eng-
lisch.

Awakening Love in the Soul
Workshop in Tel Aviv, Israel
5 Videos, 10 Stunden, 50 Minuten

DVDs

Wie Versöhnung gelingt
1 DVD, 95 Minuten

Die Anhaftung der Toten
1 DVD, 95 Minuten

Der Krieg
1 DVD, 55 Minuten

CDs und Audiokassetten

Alle diese CDs sind erhältlich bei:
Video Verlag Bert Hellinger International,
Postfach 2166, D-83462 Berchtesgaden.

Schuld und Unschuld in Beziehungen
Geschichten, die zu denken geben
2 CDs

Die Grenzen des Gewissens
Geschichten, die wenden
2 CDs

Ordnungen der Liebe
Geschichten vom Glück
3 CDs

Leib und Seele, Leben und Tod
Psychotherapie und Religion
2 CDs

Das Judentum in unserer Seele
1 CD

Gottesgedanken
Ihre Wurzeln und ihre Wirkungen
1 CD
Auch als Audiokassette erhältlich.

Dimension der Liebe
2 CDs

Ordnung und Krankheit
2 CDs

Die andere Liebe
Was über uns hinausführt
1 CD

Die Bewegungen der Seele
1 CD

Organisationsberatung und Organisationsaufstellungen
1 CD

Nur die Liebe hat Zukunft
Bruneck
1 CD (Deutsch/Italienisch)

Nur die Liebe hat Zukunft
Meran
1 CD (Deutsch/Italienisch)

Rilkes Deutung des Daseins in den Sonetten an Orpheus, einführt und vorgetragen von Bert Hellinger
Teil 1: 4 CDs
Teil 2: 4 CDs

Anerkennen, was ist
2 CDs

Was Menschen glücklich macht
1 CD

Innenreisen
10 CDs

Die HellingerZeit*schrift*

Was finden sie in dieser Zeitschrift?

1. *Etwas für Sie persönlich:*
   Orientierung in Fragen der Liebe, des persönlichen
   Schicksals, der Lebensweisheit.

2. *Handlungshinweise:*
   Zum Beispiel, wie man Kindern helfen kann, was
   Beziehungen erneuert und vertieft. Wie das Vergangene
   der Zukunft dienen kann.

3. *Antworten auf brennende Fragen*
   Dabei geht es jeweils nur um einen Punkt und eine
   Sache – immer auf das unmittelbar Mögliche
   ausgerichtet.

Diese Zeitschrift erscheint viermal im Jahr.

Bestellung bei:
HellingerZeit*schrift*
Aktionsgemeinschaft Lebenshilfe
Postfach 2120
D-83462 Berchtesgaden

Homepages

Wenn Sie sich über Bert Hellinger und seine Angebote informieren wollen, finden Sie die näheren Angaben auf den folgenden Homepages:

www.hellinger.com
www.hellingerschule.com